SAGE 質的研究キット
ウヴェ・フリック監修

①
質的研究の
デザイン

ウヴェ・フリック
鈴木聡志 [訳]

新曜社

DESIGNING QUALITATIVE RESEARCH
Uwe Flick
SAGE Qualitative Research Kit 1

Copyright © Uwe Flick 2007. All rights reserved.
This translation is published under cooperation contract between SAGE and Shinyosha.

編者から
ウヴェ・フリック

- 「SAGE 質的研究キット」の紹介
- 質的研究とは何か
- 質的研究をどのように行うか
- 「SAGE 質的研究キット」が扱う範囲

「SAGE 質的研究キット」の紹介

　近年質的研究は、そのアプローチがさまざまな学問分野にわたってしだいに確立され、尊重されるようにもなってきたため、これまでにない成長と多様化の時期を謳歌している。そのためますます多くの学生、教師、実践家が、一般的にも個々の特定の目的のためにも、質的研究をどのように行ったらよいのかという問題と疑問に直面している。こうした問題に答えること、そしてハウツーのレベルでそうした実際的な問題に取り組むことが、「SAGE 質的研究キット」（以下「キット」）の主な目的である。

　この「キット」に収められた各巻は、全体が合わさって、質的研究を実際に行う際に生じる中心的な諸問題に取り組んでいる。それぞれの巻は、社会的世界を質的な見地から研究するために用いられる主要な手法（たとえば、インタビューやフォーカスグループ）や資料（たとえば、ビジュアルデータやディスコース）に、焦点を当てている。さらに、「キット」の各巻は、多くの多様なタイプの読者のニーズを念頭に置いて書かれている。「キット」とこれに収められたそれぞれの巻は、以下のような広範なユーザーに役立つだろう。

- 質的な手法を使った研究を計画し実行する上で問題に直面している、社会科学、医学研究、マーケットリサーチ、評価研究、組織研究、ビジネス研究、経営研究、認知科学等の質的研究の**実践者**たち。
- こうした分野で質的手法を使用する**大学教員**。授業の基礎としてこのシリーズを用いることが期待される。
- 質的手法が、実際の適用（たとえば論文執筆のため）を含めて大学の学業訓練の（主要な）一部である、社会科学、看護、教育、心理学、その他の分野の**学部生**と**大学院生**。

「キット」に収められた各巻は、フィールドでの広範な経験をもつだけでなく、その巻のテーマである手法の実践においても豊かな経験をもつすぐれた著者たちによって書かれている。全シリーズを最初から最後まで読むと、倫理や研究のデザイン、研究の質の査定といった、どのような種類の質的研究にとっても重要な諸問題に何度も出会うことだろう。しかし、そうした諸問題はそれぞれの巻において、著者の特定の方法論的視点と著者が述べるアプローチから取り組まれる。したがって読者はそれぞれの巻で、研究の質の問題へのさまざまなアプローチや、質的データの分析のしかたへのさまざまな示唆を見出すであろうが、それらが全体として合わさって、この分野の包括的な描写を得ることができるだろう。

質的研究とは何か

質的研究のさまざまなアプローチにも研究者の大多数にも共通に受け入れられている、質的研究の定義を見出すことはますます困難になっている。質的研究はもはや、たんに「量的研究ではない」研究ではなく、それ自身の一つのアイデンティティ（あるいは多数のアイデンティティ）を発展させている。

質的研究には多数のアプローチがあるとは言っても、質的研究に共通するいくつかの特徴を確認することができる。質的研究は「そこにある」世界（実験室のような特別に作られた研究状況ではなく）にアプローチし、「内側から」社会現象を理解し、記述し、時には説明することを意図する。しかしそのやり方は実にさまざまである。

- 個人や集団の経験を分析することによって——経験は生活史や日常的・専門的実践と関係づけられることもある。それらは、日常的な知識や説明や物語を分析することによって取り組まれるかもしれない。
- 進行中の相互作用とコミュニケーションを分析することによって——これは、相互作用とコミュニケーションの実際の観察と記録、およびそうした資料の分析に基づく。
- ドキュメント（テクスト、写真・映像、映画や音楽）を分析することによって、あるいはドキュメントに類した経験や相互作用が残した痕跡を分析することによって。

このようなアプローチに共通するのは、人びとは周りにある世界をどのように作り上げるのか、人びとは何をしているのか、人びとに何が起きているのかを、意味のある豊かな洞察を与える言葉でひも解こうと試みることである。相互作用とドキュメントは、協同して（あるいは衝突しながら）社会的プロセスと社会的人工物を構成する方法と見なされる。これらのアプローチはみな意味生成の方法であり、意味はさまざまな質的手法で再構成し分析することができ、そうした質的手法によって研究者は、社会的な（あるいは心理学的な）問題を記述し説明するしかたとしての（多少とも一般化可能な）モデル、類型、理論を発展させることができるのである。

質的研究をどのように行うか

質的研究にはさまざまな理論的・認識論的・方法論的アプローチがあること、そして研究される課題も非常に多岐にわたることを考慮するなら、質的研究を行う共通の方法を示すことはできるのだろうか。少なくとも、質的研究の行い方に共通するいくつかの特徴を挙げることはできる。

- 質的研究者は、経験と相互作用とドキュメントに、その自然な文脈において、そしてそれらの個々の独自性に余地を与えるようなやり方で、接近することに関心がある。

- 質的研究は、最初から研究する事柄についての明確に定義された概念を用意し、検証仮説を公式化することを控える。むしろ、概念（あるいは、もし使うなら仮説）は、研究の過程で発展し、洗練されてゆく。
- 質的研究は、手法と理論は研究される事柄に適したものであるべきだ、という考えのもとで始められる。既存の手法が具体的な問題やフィールドに合わないなら、必要に応じて修正されるか、新しい手法やアプローチが開発される。
- 研究者は研究するフィールドの一員であり、研究者自身が、研究者というあり方でそこに臨むという点でも、フィールドでの経験とそこでの役割への反省を持ち込むという点でも、研究過程の重要な部分である。
- 質的研究は、研究課題の理解にあたって文脈と事例を重視する。多くの質的研究は一事例研究や一連の事例研究に基づいており、しばしば事例（その歴史と複雑さ）が、研究されている事柄を理解する重要な文脈となる。
- 質的研究の主要な部分は、フィールドノーツやトランスクリプトに始まり、記述と解釈、最終的には知見の発表、研究全体の公刊に至るまでの、テクストと執筆に基づいている。したがって、複雑な社会状況（あるいは写真・映像のような他の資料）をテクストに変換するという問題（一般には文字化と執筆の問題）が、質的研究の主要な関心事となる。
- 手法が研究されている事柄に適切であると考えられる場合でも、それが質的研究にとって、そして質的研究の特定のアプローチにとって適切かという視点から、質的研究の質を定義し査定する諸アプローチについて（さらに）考察されなければならない。

「SAGE 質的研究キット」が扱う範囲

- 『質的研究のデザイン』（ウヴェ・フリック）は、何らかのかたちで質的研究を使う具体的な研究をどのように計画し、デザインするかという観点から書かれた質的研究の簡潔な入門書である。それは、研究過程でそうした諸問題をどう扱うか、どう解決するかに焦点を当てることで、「キット」の他の巻に対するおおよその枠組みを与えることを意図して

いる。この本では、質的研究の研究デザインを作るという問題に取り組み、研究プロジェクトを機能させる足がかりについて概略を述べ、質的研究における資源といった実際的な諸問題について述べるが、質的研究の質といったより方法論的な問題や倫理についても考察する。この枠組みは、「キット」の他の巻でより詳しく説明される。

- 質的研究におけるデータの収集と産出に、3冊が当てられる。第1巻で簡潔に概説した諸問題を取り上げ、それぞれの手法に対して、さらに詳しく、集中的にアプローチする。まず、『質的研究のための「インター・ビュー」』（スタイナー・クヴァール）は、特定の話題や生活史について人びとにインタビューすることのもつ、理論的、認識論的、倫理的、実践的な諸問題に取り組んでいる。『質的研究のためのエスノグラフィーと観察』（マイケル・アングロシーノ）は、質的データの収集と産出の第二の主要なアプローチに焦点を当てている。ここでも実践的な諸問題（サイトの選択、エスノグラフィーにおけるデータ収集の方法、データ分析における特殊な問題）が、より一般的な諸問題（倫理、表現、1つのアプローチとしてのエスノグラフィーの質と適切性）の文脈で考察される。『質的研究のためのフォーカスグループ』（ロザリン・バーバー）では、データ産出の第三のもっとも主要な質的手法が提示される。ここでも、フォーカスグループでサンプリングやデザインやデータ分析をどう行うかの問題と、データをどうやって生み出すかに焦点が強く当てられている。

- さらに3冊が、特定のタイプの質的研究の分析に当てられる。『質的研究におけるビジュアルデータの使用』（マーカス・バンクス）は、焦点を質的研究の第三のタイプに広げている（インタビューとフォーカスグループに由来する言語データと観察データに加えて）。一般に社会科学研究ではビジュアルデータの使用は主要なトレンドになっているだけでなく、データの使用と分析にあたって研究者を新たな実際的な問題に直面させ、新たな倫理的問題を生み出している。『質的研究におけるデータ分析』（グラハム・R・ギブズ）では、どのような種類の質的データの理解にも共通する、いくつかの実際的なアプローチと問題に取り組む。特にコード化、比較、コンピュータが支援する質的データ分析の使用

に、注意が払われている。ここでの焦点は、インタビューやフォーカスグループや個人史と同じく言語データにある。『会話分析・ディスコース分析・ドキュメント分析』（ティム・ラプリー）では、言語データから、ディスコースに関連する異なるタイプのデータへと焦点が拡張され、ドキュメントのような現存資料、日常会話の記録、ディスコースが残す痕跡の発見に焦点が当てられる。アーカイヴの生成、ビデオ資料の文字化、それにこのようなタイプのデータのディスコースの分析のしかたといった、実際的な問題が考察される。

- 『質的研究の「質」管理』（ウヴェ・フリック）は、質的研究の質の問題を取り上げる。この問題は、「キット」の他の巻でもそれぞれのテーマの文脈で簡潔に触れられているが、本書でより一般的なかたちで取り上げる。ここでは研究の質を、質的研究の現存の規準を使って見たり、あるいは規準を再定式化したり新しく定義するといった角度から検討する。この巻では、質的方法論における「質」と妥当性を定めるのは何であるべきかについて現在も進行している議論を検討し、質的研究における質を高め、管理するための多くの戦略を検討することになる。質的研究におけるトライアンギュレーション戦略と、質的研究の質を高めるという文脈での量的研究の使用に、特に関心が払われている。

　本書の焦点、そしてそれが「キット」に果たす役割について概略を述べる前に、この「キット」が世に出る力添えをいただいた SAGE 社の方々に感謝を述べたい。いつのことだったか、このプロジェクトを私に勧めてくれたのはマイケル・カーマイケルであるが、いざ始めるに当たって彼の示唆は非常に役に立った。パトリック・ブリンドルはこのシリーズへの支援を引き継ぎ、継続してくれた。ヴァネッサ・ハーウッドとジェレミィ・トインビーは、われわれの草稿を本に仕上げてくれた。

本書について
ウヴェ・フリック

　研究デザイン[訳注]＊の問題は、質的研究では量的アプローチにおけるほど重要視されていない。しかし質的アプローチも計画される必要があるし、研究プロセスが進む中で決定しなければならないことがいろいろとある。リサーチクエスチョン＊を明確に述べる、サンプリング＊について決定する、どのように一般化＊し、何を目標とするか、などである。これらは質的研究のデザインに影響を及ぼす問題であり、決断である。しかしそれらは、どのような種類の研究が詳細に計画されるかによって、違った形で現れるだろう。インタビューのためのサンプリングは、フォーカスグループ＊研究のグループを作るのとは違う。エスノグラフィー＊におけるサイト＊と人びととの選択は、写真や文書のアーカイヴのサンプルを作るのとは違う。こうした問題については、1つの手法について特定の観点から書かれたバーバー（Barbour, 2007）やアングロシーノ（Angrosino, 2007）の本で取り上げられるだろう。

　それと比べるなら、本書の焦点は、「SAGE 質的研究キット」（以下「キット」）の他の巻よりもより一般的である。そのためここでは、デザインの問題をさまざまな角度から論じるが、「キット」の他の巻で再びさらに詳しく論じられるだろう。本書は他巻で取り上げられる特定のデザインに、質的研究における研究デザインを比較する視点を付け加える。たとえば、人、サイト、文書や内部資料、インタビューのようなさまざまなレベルでのサンプリングの問題と取り組む。また、より一般的な研究上の関心や個人的・政治的背景からリサーチクエスチョンがどのように発展するのかにも焦点を当てる。質的研究を

［訳注］右上にアスタリスクが付されている語は、巻末の用語解説に含まれている。適宜参照していただきたい。

手がける際の資源と障害についても問題にする。これらの問題を扱うにあたって、本書は「キット」の他の本よりも限定されたアプローチをしている。読者に質的研究を紹介するための具体的アプローチとして研究デザインを扱っているからである。この意味で本書は、「キット」の背景となる2つの機能をもっている。1つ目に、本書は単独の書物として、質的研究のデザインにおける諸問題とその解決について、包括的な説明を与えることを目指している。2つ目に、「キット」の他の本へのプラスアルファとして、実践的かつ方法論的レベルで、他巻の枠組みを要約して示している。

目　次

編者から（ウヴェ・フリック） ──────────────── *i*
　「SAGE 質的研究キット」の紹介　　　　　　　　　　　i
　質的研究とは何か　　　　　　　　　　　　　　　　　ii
　質的研究をどのように行うか　　　　　　　　　　　　iii
　「SAGE 質的研究キット」が扱う範囲　　　　　　　　 iv

本書について（ウヴェ・フリック） ──────────────── *vii*

1 章　質的研究とは何か？ ──────────────── *1*
　質的研究を定義する　　　　　　　　　　　　　　　　1
　質的研究の増殖　　　　　　　　　　　　　　　　　　3
　基本原理としての適合性　　　　　　　　　　　　　　5
　学問としての質的研究、応用という文脈における質的研究　7
　道徳的言説としての質的研究　　　　　　　　　　　　8
　質と量──二者択一か、同じコインの両面か、組み合わせか？　9
　研究視角　　　　　　　　　　　　　　　　　　　　　12
　質的研究の理論と認識論　　　　　　　　　　　　　　14
　質的研究──手法と態度　　　　　　　　　　　　　　16
　本書および「SAGE 質的研究キット」の構成　　　　　 18

2 章　アイデアからリサーチクエスチョンへ ──────────────── *21*
　研究のための関心とアイデア──実例　　　　　　　　22
　ある研究視角をとる　　　　　　　　　　　　　　　　24
　質的研究で理論を使う　　　　　　　　　　　　　　　27
　リサーチクエスチョンを発展させる　　　　　　　　　28
　まとめ　　　　　　　　　　　　　　　　　　　　　　30

3 章　サンプリングと選択とアクセス ──────────────── *33*
　質的研究におけるサンプリングの論理　　　　　　　　34
　サンプリングのための示唆　　　　　　　　　　　　　36

人びとのサンプリング	39
サイトと出来事を選ぶ	40
集団を構成する	41
コーパスを作る	42
事例内、資料内のサンプリング	43
アクセスを明確化することと必要な承諾	44

4章　質的研究のデザイン —————————————— 49

質的研究における研究デザイン	49
デザインに影響するものとデザインの構成要素	51
研究デザインの構成要素	53
質的研究の基本的デザインを使う	59
質的研究のデザインの実例	61
良い質的研究のデザインを特徴づけるものは何か？	65

5章　資源と障害 ——————————————————— 69

はじめに	69
資　源	69
障　害	76
まとめ	79

6章　質的研究の質 —————————————————— 81

はじめに	81
質の良い質的研究をデザインする	82
質の良い質的研究を実行する	84
質的研究を報告する	87
まとめ	89

7章　質的研究の倫理 ————————————————— 91

はじめに	91
準　備	93
リサーチクエスチョン	95
アクセスとサンプリング	96
データ収集	98
データ分析	99

		執筆、一般化とフィードバック	100	

8 章	言語データ		*103*
	はじめに	103	
	インタビュー	104	
	フォーカスグループ	113	

9 章	エスノグラフィー・データとビジュアル・データ		*121*
	はじめに	121	
	エスノグラフィーと観察	122	
	ビジュアルな手法	130	

10 章	質的データを分析する		*137*
	はじめに	137	
	コード化とカテゴリー化	138	
	会話、ディスコース、ドキュメントの分析	142	

11 章	質的研究をデザインする ── いくつかの結論		*149*
	手法と基本デザイン	149	
	質的手法におけるデザインの問題	150	
	デザインの問題を明瞭にする ── 研究計画書を書く	153	

訳者あとがき 157
用語解説 159
文　献 169
人名索引 175
事項索引 176

装幀＝新曜社デザイン室

ボックスと図表リスト

ボックス
- 5.1　文字化のルール　　　　　　　　　　　　　　　　　70
- 5.2　文字化の1例　　　　　　　　　　　　　　　　　　71
- 5.3　プロジェクトのスケジュール　　　　　　　　　　　72

図
- 2-1　健康と病気の社会的表象　　　　　　　　　　　　26
- 4-1　研究デザインの双方向モデル　　　　　　　　　　51
- 4-2　研究デザインの構築　　　　　　　　　　　　　　52
- 4-3　比較のレベル　　　　　　　　　　　　　　　　　54
- 4-4　質的研究の基本的デザイン　　　　　　　　　　　61
- 4-5　研究デザイン──専門家の健康概念　　　　　　　62
- 11-1　質的研究における手法と基本デザイン　　　　　150

表
- 1-1　質的研究における研究視角　　　　　　　　　　　13
- 4-1　年齢とジェンダーごとのサンプル数　　　　　　　64
- 5-1　質的プロジェクトの費用を見積もる書式のモデル　75
- 11-1　質的な手法とデザイン上の諸問題　　　　　　　151
- 11-2　研究計画書の構成のモデル　　　　　　　　　　154

1章　質的研究とは何か？

質的研究を定義する
質的研究の増殖
基本原理としての適合性
学問としての質的研究、応用という文脈における質的研究
道徳的言説としての質的研究
質と量 —— 二者択一か、同じコインの両面か、組み合わせか？
研究視角
質的研究の理論と認識論
質的研究 —— 手法と態度
本書および「SAGE 質的研究キット」の構成

この章の目標
- 質的研究に共通する特徴を理解すると同時に、質的研究が急速に増大していることを理解する。
- 質的研究における理論の役割と研究視角について知る。
- 質的研究が手法と研究姿勢の緊張の中にあることを理解する。

質的研究を定義する

「質的研究」という言葉は長い間、「量的」研究に代わるものを示すという独特のしかたで使われ、後者への批判を背景に、特に1960年代と70年代の発展を背景にして作られた。しかし質的研究は多くの学問において長い歴史をもっ

ており、社会科学研究は一般に、いまでは質的研究の名の下に要約されているアプローチから始まったと言える。その発展を長くたどればたどるほど、この用語が意味するものの輪郭がはっきりする。それはもはや、**否定**によって——質的研究とは量的なものでは**ない**とか、標準化*されたものでは**ない**とかといったように——定義されるのではなく、いくつかの特徴によって特色づけられる。たとえば、質的研究は経験的資料として数ではなくテクストを用い、研究する現実が社会的構成物であるとの考えから始める。また質的研究は参加者の視点や、研究している課題にかかわる日常の実践や日常的な知識に関心がある。使われる手法は研究課題にとって適したものであるべきだし、またプロセスや関係を理解することができるよう、十分に開放的であるべきだ（詳しくはFlick, 2006 参照）。このことは、質的研究とは何かについて、共通の理解を得られることを意味するのだろうか？　デンジンとリンカンは彼らのハンドブックの最新版で、「当面の包括的定義」を与えている。

> 質的研究とは観察者を世界の中に位置づける、状況に組み込まれた活動である。質的研究は、解釈的、具体的な一連の実践からなり、それによって世界を可視化する。こうした実践が世界を変換する。こうした実践によって世界は、フィールドノーツ、インタビュー、会話、写真、記録、自分用のメモなどを含む、一連の表現に転換されるのである。こうしたレベルでは、質的研究は、世界に対する解釈的、自然主義アプローチを意味する。それは、質的研究者は事物を自然な状態で研究し、人びとが事物に付与する意味の観点から現象を理解ないし解釈しようとする、ということを意味するのである。(Denzin & Lincoln, 2005a, p.3; 平山監訳（2006）の1巻 p.3；一部改変)

これは、質的研究とは何かについての良い定義のように思える。しかし、会話分析*を例にするなら（Rapley, 2007 や ten Have, 1999 参照）、研究者は何かについてのトークの形式的組織化に関心があり、ある現象について人びとが抱く意味には関心がない。それでも、会話分析は質的研究の重要な一例なのである。多くの質的研究は「世界への自然主義アプローチ」から始めるし、かなりの数の質的研究が解釈的アプローチをとっている。しかし多くの場合、両者は認識論*と方法論のレベルで異なると考えることができるし、単純に1つのア

プローチの中で「解釈的自然主義」アプローチに結びつけてしまうのは困難である。だがこう言ったからといって、デンジンとリンカンの定義を批判しようというのではない。むしろ、そうした定義を**包括的**定義として定式化することの難しさを示しているのである。

質的研究の増殖

　質的研究はすでに長期にわたって発展してきている。「質的研究」というラベルは、社会科学における一連の研究アプローチのための包括語として使われている。これらのアプローチは、解釈学的アプローチ、再構成的アプローチ、解釈的アプローチとしても知られている（最近の展望として、Flick, 2006と Flick et al., 2004a 参照）。また、時には「探求（inquiry）」の語が「研究（research）」より好まれたり、研究の企て全体を「エスノグラフィー」＊と名づけて、どちらも使われないこともある。しかしともあれ、質的研究というラベルの下に、こうしたアプローチや手法、またこれらを用いて得られた結果が、社会学だけでなく教育学、心理学、健康科学等でますます注目を集めている。これらの学問分野（たとえば心理学）では、質的研究専門のハンドブックが出版されているし、またどんな分野のハンドブックであれ（たとえばリハビリテーション、看護科学、公衆衛生）、質的研究法についての章がないものはほとんどない。質的研究の歴史の詳細に立ち入ることなしに、ここには1つの成功物語を認めることができる。それを示すものとして、質的研究専門の雑誌の増加や、すでに地位を築いた雑誌で質的研究に掲載の道を開くものが増えていることが挙げられる。教科書、ハンドブック、モノグラフ、編集本の数は増え続けているし、資金を得た研究に占める質的研究の割合も多くの分野で急増している。また、質的研究のためのコースやカリキュラムの数も増えている。最後に、質的方法や、あるいは質的・量的方法の組み合わせに基づいて修士論文や博士論文を作成する若い研究者が増えている。こうした質的研究の成功物語が示す指標は、学問によって、また国によって違うかもしれない。しかしこれらは、質的研究がますます多くの文脈で、真剣に受けとめられアプローチとして確立されつつある、という全般的な潮流を示している。

　だが同時に言えるのは、この質的研究の確立という潮流が、質的研究とは何

かというパラダイム的な核心とも言えるものの発展を伴っていると見ることはできないということである。先に記したような大まかな諸原理を確認することができるにせよ、われわれは少なくとも4つのレベルで、質的研究の増殖に直面している。

- 何と言っても、さまざまな研究課題、特定の手法、理論的な背景をもつ、質的研究のさまざまな研究プログラム*がある。グラウンデッド・セオリー*やディスコース分析*がその良い例で、それぞれ異なる関心事と方法論的原理をもっているが、両者とも質的研究においてよく用いられているのである。
- 第二に、英国で、アメリカ合衆国で、あるいはたとえばドイツで、質的研究として理解されているものに違いを見ることができる（さまざまな国における質的研究の比較という観点については、Knoblauch et al., 2005 参照）。もちろん第一に挙げた増殖も、こうした国それぞれの伝統と関連がある。たとえばデンジンとリンカンの定義および彼らのハンドブックは、基本的にアメリカ合衆国における議論を代表している。
- 第三に、異なる学問には質的研究についての異なる言説がある。心理学の質的研究者には特定の関心事や問題があり、それはたとえば社会学の同僚も同じであるが、両者の関心事や問題は必ずしも同じではない。
- 第四に、質的研究について、領域特異的な言説の多様性が大きくなっているのを見ることができる。健康科学や経営学や評価*におけるかなり限定的な質的研究がその良い例である。こうした領域では特別なニーズと制約があり、たとえば修士論文や博士論文の文脈、あるいは「基礎」研究の文脈での大学を基盤とした研究とは異なる。

長い歴史と方法論的議論から質的研究の標準が発展していると期待する人は、この増殖ぶりに困惑したり失望したりするかもしれない。このことはいずれかの時点で質的研究の受容に問題を生じさせ、研究資金の配分の際に、量的研究の研究者との競争において立場を弱くするかもしれない。しかしこの増殖ぶりもまた、あらゆる種類の質的研究のもつ主たる特徴の1つ、あるいは基本原理のゆえに生じる、質的研究の特徴と考えることができる。

基本原理としての適合性

　質的研究の発展は、3つのしかたで適合性*（appropriateness）の原理に結びついている。もともと、いくつかの学問において実証的研究が始まった頃、使うべき方法よりも研究すべき課題のほうがたくさんあった。質的研究の初期の研究に、一方では知的関心から、他方では研究すべき事柄の特徴から、どのように方法が使われたかをたどることができる。ヴィディッチとライマン（Vidich & Lyman, 2000）は、初期のエスノグラフィーの方法が、研究者たちの「他者」への関心に満たされていたと言う。その関心とは当時、非西洋文化と研究者自身の西洋的背景との違いを理解することを意味していた。このことが、比較という観点と進化論的観点からさまざまな文化の違いを記述する比較アプローチに拡張され、後にはたとえばシカゴ学派*の研究のような、研究者自身の属する文化の特殊な部分を理解し記述する応用へと発展した。異なる発達段階における子どもの発達と思考の理解への関心から研究方法を発展させたピアジェは、別のもう1つの例である。こうした研究方法の発展の時代においては、（後にそう呼ばれることになる）質的研究における方法の適合性の必要性は、研究で発見された問題の特徴から生じたのであり、あるいは、そうした研究にすぐ適用できる、発展した方法論の欠如から生じたのである（質的研究の簡潔な歴史については、Flick, 2006, chap.1 も参照）。

　原理としての適合性への2つ目の手がかりは、ずっと後の1960年代と1970年代における質的研究ルネサンスに認めることができる。そこには異なる状況があった。すなわちさまざまな方法論が発展し、確立し、洗練された。特定の方法と結びついて諸学問が発展し、確立した。たとえば心理学では実験であり、社会学では調査法の使用である。これは社会学では、社会が一般に、かつ細部でどのように機能するのかを記述する、たとえばタルコット・パーソンズの理論のような「大理論（ground theories）」の発展によって補完された。同時に、方法も理論も共に、実際は重要だが小規模で理解しにくい問題をつかみそこねていて、そうした問題がますます増えていった。このような経緯の結果、重要な現象を記述し説明する既成の方法（それに理論）の欠如が、質的研究の再発見をもたらしたのであった。アーヴィング・ゴフマン（Goffman, 1959）や、ハ

ワード・ベッカー、アンセルム・ストラウス、バーニー・グレイザー（Becker et al., 1961）の諸研究は、妥当な方法、適切な方法の欠如が、「データに基づいた理論（grounded theories）」の実証的な発展のための、新しい方法と研究プログラムの創造をもたらした良い例である。彼らは、調査や大理論では取り組むことができないが、実際には重要な現象のための理論を発見して発展させるために、実証的研究を用いることに関心があった。この段階で、確立された方法論とこれを使ってはうまく研究できない諸問題との間のギャップから、適合性の原理が質的研究にとって重要になった。適合性の原理は、研究プログラムの多様な質的方法の発展を——時には既存の方法の再発見を、さらにはその発展を——もたらし、また質的研究の方法論上の広範な言説の発展をもたらした。この段階においても、質的研究法（および研究プログラム）の方法論的特徴が、研究された対象の特徴に由来すると見ることができる。

　現在の状況において、第三の意味での適合性の原理が重要になってきている。いまや、さまざまな研究分野における質的研究のさらなる増殖を指摘することができる。組織研究や経営研究のような分野、健康研究全般、あるいはその中の看護研究のようなフィールドを見るなら、研究されているフィールドや対象に特定の特徴が見出されるだろう。そうした特徴は、質的研究に一般的な言説とは異なる、特定の方法論上の言説の発展をもたらした。たとえば経営研究は、組織という非常に特異的な構造に向かい合っている。看護研究はしばしば非常に特殊な状況——病いや死を目前にしている患者やその縁者の弱い立場——で人とかかわる仕事をしており、そのことは研究者の側に特定の手法、感受性、倫理的な気づかいを要求する。たとえば質的評価の場では、評価の対象となる実践が日常業務であることから制約があるし、また研究委託者の期待（比較的短期間に実際に役に立つ結果を出すようにとの期待）からも制約がくる。こうした制約は、博士論文のためのプロジェクトを背景にした質的研究や、基礎研究としての財源を背景にした質的研究とは異なる要求や事態を引き起こす。経営から評価までのこうした事例すべてで、こうした諸事例に適する質的研究をもとうという要求に促されて、方法論上の特定の言説が発達してきたのである。このことは、使われる手法において、それぞれのフィールドにおける質的研究の質の議論において、そしてそれぞれのフィールドにおける質的研究の結果の提示と使用のしかたにおいて、明らかとなる。この第三の意味で、原理として

の適合性をあらためて真剣に捉える必要性を生み出し、フィールド内、フィールド間の特有性の増大をもたらしているのもまた、質的研究の増殖とその方法論上の洗練なのである。

学問としての質的研究、応用という文脈における質的研究

　さらに一般的な観点から言うなら、質的研究は学問として自らを確立する過程を経てきた。ある期間集中的な研究がなされ、その後大量の教科書が発行された。それらは質的研究の一般的な教科書（Flick, 2006 や Silverman, 2006 など）だったり、特定の学問のもの（たとえば心理学では Smith, 2003 や Banister et al., 1994。社会学では Denzin, 1989 など）だったりする。また、役に立つ質的研究のハンドブックも見つけることができ、それらはより一般的な焦点をもつもの（Denzin & Lincoln, 1994, 2000, 2005b; Flick et al., 2004a, Seale et al., 2004）もあれば、特定の学問に焦点を当てたもの（たとえば心理学では Willig & Stainton-Rogers, 2007）もある。また質的研究一般のための雑誌や特定の領域における質的研究の雑誌もある。これらは質的研究のスタンダードを作り出そうとする試みや、質的研究の質をどう判断するかという問題への、多少とも一般的な答えを見つけようという試み（詳細は Flick, 2007 参照）とともに現れた。こうした展開は一般に、質的研究をアカデミックな場において強固なものにすることにつながるし、また教育、訓練、資格取得、学位論文執筆のための指針を与えるだろう。

　同時に質的研究は、科学的目的のための知識や洞察の産出に限定されないことがしばしばある。時には研究目的は研究対象を変化させることであったり、実際に意味のある知識を生み出すことだったりする――つまり、実際の問題の解決策を生み出したり解決を促したりするのに適しているということである。参加研究やアクション・リサーチ*のようなアプローチは、研究の計画段階や、時には実施段階でいろいろな人たち（や組織）とかかわるし、そうした人たちは（科学的言説だけでなく）、彼らにとって意味のある結果を生み出すことを望んでいる。そのような状況では、方法と科学が一般に要請する事柄と、研究が実際に意図するものとの間の葛藤が生じるかもしれない。たとえば質的評価では、また別の問題が持ち上がる。評価は研究全体を通して判断しなけれ

ばならない——特定のプログラムがうまくいったかどうかである。このことは、研究者がある時点で、中立性をあきらめなければならないことを意味する。同時に、質的評価研究における見通しは、時に時間の余裕のなさと結びついている。研究結果が焦点づけられていなければならないだけでなく（たとえば判断や評価に）、博士論文のための期間に比べてかなり限定された期間であっても、後で役に立つものでなければならないことがよくある。日常的慣行と組織の状況は、通常の標準的な方法を適応させることを要求する。この状況では、方法をプラグマティックに使用すること、方法論上標準となっているものと、委員会の期待、参加者の利害のバランスをはかることがしばしば必要になる。方法論的な意味では、方法論上の手続きを現場の条件に合わせるという、ショートカット戦略が必要である（Flick, 2004a; Lüders, 2004a）。上述したように、このような研究の意図とその条件が特定の方法論上の問題と言説をもたらし、それが全体として再び質的研究のさらなる増殖と多様性を強めている。

道徳的言説としての質的研究

先に引用した定義の中でデンジンとリンカンは、研究者の「実践が世界を変換する」（Denzin & Lincoln, 2005a, p.3）ことをとりわけ強調している。こうした言い方にはコインの両面がある。まず質的研究者は、フィールドで目に見えない中立的な存在として振る舞っているのではなく、参与観察*で観察したり、個人史インタビューで参加者にその人の人生やライフヒストリーを振り返ってもらったりするとき、そこに参加しているということである。そのことがインタビュイーたちに、現在の状況や彼らを取り巻く世界についての新たな洞察をもたらすことがある。2つ目は、質的研究は一般に、あるいは常に、世界を変えることにかかわるべきである、ということである。特にデンジンとリンカンの『質的研究ハンドブック第3版』（Denzin & Loncoln, 2005b）を見ると、前書きで編者らが述べていることをさらに詳しく説明する多くの章を見つけることができる。編者らはこう書いた。「… 質的研究は探求のためのプロジェクトであるが、それは道徳的、寓意的、治療的プロジェクトでもある」（2005c, p.xvi）。この論文集では、質的研究はハワード・ベッカー（Becker, 1967）がかつて発した問い（「われわれは誰の側にいるのか？」）を再度追求し続け、恵ま

れない人びとの側、マイノリティの側、植民地化や移住の犠牲者の側に立つという道徳的なかかわりをしている。こうした理解に従うなら、質的研究は明らかに政治的であり、その実践によって世界の変容を目指している（先の定義の引用を再度見ていただきたい）。しかし、これもまた質的研究を定義し、解釈する1つのバージョンなのである。質的研究を道徳的言説とするこうした理解のほかに、質的研究へのよりプラグマティックなアプローチがあり、それは質的研究を、世界を理解し世界についての知識を生み出す社会科学研究の道具・可能性の1つの拡大版と見る。これもまた、研究、調査、質的研究、エスノグラフィー等が一般に何についてのものであるべきなのかという、基本的な態度・理解のレベルでの質的研究の増殖を示している。

質と量 ── 二者択一か、同じコインの両面か、組み合わせか？

　質的研究と量的研究の関係に関しても、さまざまな立場が見出せる。まず、この分割された両サイドにおいて、他のアプローチの明確な拒否という立場がある。たとえばデンジンとリンカンのハンドブックは、質的研究と量的研究のいかなる形の組み合わせも検討することなしに論述が進む。質的研究の力を浮かび上がらせるために対比として量的研究にふれる、というのが基本的なやり方である（たとえば Denzin & Lincoln, 2005a, pp.10-12）。質的方法の存在や質的研究一般の存在、それによって生み出された結果の存在を無視、ないし拒否する量的研究者が、いまだに実に大勢いる。区別と互いの拒否が、いまだ両「陣営」を扱う最初のやり方なのである。

　しかし、評価研究のような多くの領域では、研究の実際は、リサーチクエスチョンに答えるために何が必要かに基づいてさまざまな質的・量的研究を用いるという、多少プラグマティックな折衷主義が特徴となっている。そのようなプラグマティズムの文脈で、質的研究と量的研究をどのように組み合わせるのかについての方法論的省察は、依然としてかなり少なく、限定的でしかない。質的研究と量的研究の組み合わせは、さまざまなレベルで考えることができる。

- 認識論と方法論（両アプローチの認識論的・方法論的両立不可能性を含む）。
- 質的データと量的データ、あるいは質的方法と量的方法を結びつけたり統

合したりする研究デザイン。
- 同時に質的でもあり量的でもある研究方法。
- 質的研究の結果と量的研究の結果をつなげる。
- 一般化*。
- 研究の査定。量的研究の基準を用いて質的研究を評価する。その逆もある。

　質的研究と量的研究の組み合わせ方について、いくつかの示唆を見つけることができる。ハマーズレイは、質的研究と量的研究をつなげる3つの形を区別している (Hammersley, 1996, pp.167-168)。

- 両アプローチのトライアンギュレーション*。彼は、知識を相互に拡大させる可能性よりも、結果の相互査定を重視する。
- ファシリテーション。これは他のアプローチの支持的機能を強調するものである。それぞれは、他のアプローチが単独で行う分析を押し進めるための仮説とインスピレーションを提供する。
- 両アプローチは、相補的な研究戦略として組み合わせることができる。

　ブライマンは、質的研究と量的研究を統合する11のやり方を述べている (Bryman, 1992)。

1. 彼にとってトライアンギュレーションの論理は、チェックをすることを意味する。たとえば量的研究の結果で質的研究の結果をチェックするというように。
2. 質的研究は量的研究を支援することができる。
3. そしてその逆もある。
4. 両者は研究対象の全体像の中で結びつくし、また全体像を与える。
5. 構造的な特徴は量的方法で分析され、過程の側面は質的アプローチで分析される。
6. 研究者のもつ視点が量的研究の原動力となる一方で、質的研究は被験者の観点を強調する。
7. 質的研究の一般性の問題は、量的な知見を加えることで解決することが

できる。
8. 質的な知見は、量的データセットにおける諸変数間の関係の解釈を促進させるかもしれない。
9. 現実の領域でのミクロなレベルとマクロなレベルの関係は、質的研究と量的研究を組み合わせることで明確にすることができる。
10. 質的研究と量的研究は、研究過程の異なる段階で適切である。
11. たとえば擬似実験デザインで質的研究を使うといったような、ハイブリッドなやり方もある（Bryman, 1992, pp.59-61 参照）。

　この概観では、取りうる道はバラエティ豊かだ。5と6と7は、質的研究は量的研究と異なる側面を明らかにすることができることを強調している。研究上の実用性に焦点が当てられるブライマンのアプローチでは、理論的な違いや認識論的な違い（あるいは倫理的な違い）はほとんど重要な役割を演じない。両アプローチの統合、混合方法論*（mixed methodologies: Tashakkori & Teddlie, 2003a）、それに質的方法と量的方法のトライアンギュレーション（Flick, 2007, または Kelle & Erzberger, 2004）が、いまではもっと広範に議論されている。用語の違いは、こうした組み合わせの形のもつ意図と目的の違いを示している。混合方法論アプローチは、前の時代にあったパラダイム上の争いを終わらせるために、質的研究と量的研究の実用的な結合に関心がある。このアプローチは自ら「第三の方法論的ムーヴメント」（Tashakkori & Teddlie, 2003b, p.ix）であると宣言している。第一のムーヴメントは量的研究と量的方法であり、質的研究が第二のムーヴメントであると見なされている。ここで方法論的考察が目指すのは、「用語体系」を明確にすること、すなわち混合方法論の研究デザインと応用の問題、これを背景にした推論の問題を明確にすることである。方法論的な観点からは、混合方法論研究を、パラダイム上に根拠づけることが目的となる。しかしながらこの状況でパラダイムの概念を使っているということは、著者たちが、互いに区別でき結合も拒絶もできる2つの閉じたアプローチを組み合わせることの具体的な方法論的問題を顧みることなしに、この2つのアプローチから始めていることを示している。
　混合方法論の研究の主張は以下のようにまとめられる。「真の混合方法論アプローチは、(a) 研究のあらゆる段階で（つまり、問題の確定、データ収集、

データ分析、最終的な推論で）複数のアプローチを組み入れ、そして（b）他方のアプローチによるデータの変容とデータ分析とを含む、とわれわれは提唱した」(Tashakkori & Teddlei, 2003b, p.xi)。質的アプローチと量的アプローチを統合するという考えはもう一歩踏み出して、統合された研究デザインを発展させること、とりわけ質的結果と量的結果を統合することを目指している（Kelle & Erzberger, 2004)。一方、トライアンギュレーションのより最近のバージョンは、理論的背景が異なることを考慮に入れつつ、質的研究のデザインと量的研究のデザイン、両タイプの方法、それらが生み出す結果の強みを組み合わせることを目指している（Flick, 2006, chap.2 参照)。

ここで質的研究と量的研究を結合させるという問題を取り上げたが、これが社会科学研究の将来の方向性であるとか、質的研究の原理と独自性に見切りをつけるよう示唆することを意図するものではない。むしろ、両アプローチの結合のしかたを考えるのは、3つの理由により必要だと思われる。

- まず第一に、両アプローチを組み合わせることを求める研究上の諸問題が確かにある。
- 第二に、諸手法を実用的に組み合わせることが目下流行している。これは、そうした組み合わせが、ただ、増殖しつつあるフィールド——社会科学研究の多様性——を単純化することを約束するからというだけではない。量的研究の適合性が疑問視されてきた方法論上の議論を終わらせるやり方であるとも思われるのである。
- 第三に、上述の2つの理由のうちの1つによって質的研究と量的研究の組み合わせが必要になるのなら、われわれは、理論、方法論、研究実践、結果の解釈のレベルで、どう組み合わせるのかをもっとはっきりと説明をするよう努めなければならない。

研究視角

より包括的な観点から眺めるなら、社会科学研究にはいくつかの研究視角*(research perspectives) を確認することができる。それらのいくつかは純粋に量的な志向をもっている（基本的に質的研究の要素が一切含まれていない、とい

う意味で)。そうした研究にも、アプローチの違いをいくつか区別することができる。いくつか例を挙げるなら、調査法、疫学的研究、標準化された方法を用いた研究、実験法がある。研究視角の中には、質的研究と量的研究の組み合わせに基づいているものもあり、すでに明らかなことであるが、これらにもさまざまなバージョンを認めることができる。そして最後に、いくつかの、主として、あるいはまったく質的な研究視角がある。質的研究に立ち戻るなら、少なくとも3つの視角を認めることができる。表1-1にその概観を示した。

表1-1 質的研究における研究視角

	主観的観点への アプローチ	社会状況の 形成の記述	隠れた構造の 解釈学的分析
理論的立場	象徴的相互行為論 現象学	エスノメソドロジー 構成主義	精神分析 生成的構造主義
データ収集の 手法	半構造化インタビュー ナラティヴ・インタビュー	フォーカスグループ エスノグラフィー 関与観察 相互作用の記録 ドキュメント収集	相互作用の記録 写真 映画
解釈の手法	理論的コード化 内容分析 ナラティヴ分析 解釈学的方法	会話分析 ディスコース分析 ドキュメント分析	客観的解釈学 深層解釈学

　第一の視角において参照される理論は、象徴的相互行為論*と現象学*の伝統に基づいている。第二の視角の主な方向性は、理論的にエスノメソドロジー*と構成主義*に結びついていて、日常生活における慣行や社会的現実の作られ方に関心がある。無意識的な心理構造とメカニズム、それに潜在的な社会的形態を仮定する、構造的ないし精神分析的立場が、第三の参照理論である。これら3つの主な視角は、研究目的においても、またそれらが採用する手法においても異なる。リューデルスとライケルツ (Lüders & Reichertz, 1986) のような著者は、一番目が「被験者の観点」を強調するアプローチ、二番目が実際の(日常の、制度上の、より一般的には社会的な)現状、環境、社会秩序の生成の過程を記述するのを目指すアプローチ(たとえば、言語のエスノメソドロジカ

ルな分析)、三番目を精神分析や客観的解釈学の概念に言う意味での「行為と意味を生み出す深層構造」の(主に解釈学的な)再構成によって特徴づけられるアプローチ、というように並置している(より詳細な解説は、Flick, 2006 参照)。

　データの収集と分析にとってもっとも重要な質的手法は、これらの研究視角の中で次のように位置づけることができる。第一の視角で多く使われるのは、半構造化インタビューとナラティヴ・インタビュー*、それにコード化*と内容分析である。第二の視角では、データはフォーカスグループ、エスノグラフィー、(参与)観察で集められたり、相互作用の録音・映像記録によって集められたりする。そしてこれらのデータはディスコース分析や会話分析を用いて分析される。第三の視角からは、データは主に相互作用の記録やビジュアルな素材(写真や映画)を用いて集められる。そして解釈学的分析のさまざまなバージョンのうちの1つが実施される(Hitzler & Eberle, 2004)。

質的研究の理論と認識論

　先にふれたように、質的研究は1つの理論プログラムに基づいているわけではなく、いくつかの理論的背景に頼っている。しかし質的研究の認識論的議論の根底には、かなり広く実証主義*(positivism)と構成主義(constructionism)の区別がある。オークリイ(Oakley, 1999)によると、この区別はしばしば質的研究におけるフェミニズムの文脈にも結びついている。認識論的プログラムとしての実証主義はもともと自然科学に由来し、したがって多くは、自身の研究をそれから区別するために否定的に引き合いに出される。しかし社会科学の議論において、実証主義が何を意味するのかが詳細に説明されることはめったにない。

　実証主義がもついくつかの前提をブライマン(Bryman, 2004, p.11)が要約している。感覚によって確証された現象についての知識だけが、知識として保証される(現象主義)。理論によって仮説を生み出し、その仮説は検証することができ、また法則の説明を評価するために使うことができる(演繹主義)。知識は事実を集めることによって生み出すことができ、その事実は法則に基礎を与える(帰納主義)。科学は価値から自由なしかた、それゆえ客観的なしかた

でなされるべきであり、それは可能である。そして最後に、科学的な言明と規範的な言明との間には明確な区別が見られる。実証主義はしばしば実在論と結びつけられる。両者とも、自然科学と社会科学はデータ収集とデータ分析に同じ原則を適用すべきだし、そうできると仮定しており、そして世界はわれわれの世界についての記述とは離れてそこにある（外的実在）と仮定している。しかし、質的研究についての議論における「実証主義」という言葉の使い方は、しばしば批判されている。ハマーズレイ（Hammersley, 1995, p.2）はこう言う。「社会科学の文献において『実証主義』の語をろくに説明もせずに使っていることから合理的に推論できることは、著者は何であれ、それとして言及しているものに不同意であるということだ」。

　この立場に並置されるのが、社会構成主義（または構築主義*）である（Flick, 2004b も参照）。このラベルの下には、出発点の異なる数多くのプログラムが包含されている。あらゆる構成主義的アプローチに共通するのは、現実にアプローチする際に、構成過程を扱うことによって現実との関係を検討することである。その構成の例は、さまざまなレベルに見ることができる。

- ピアジェの伝統では、認知、世界の知覚、世界についての知識は構成物と考えられている。ラディカル構築主義（Glasersfeld, 1995）はこの考えを、あらゆる形の認知は、そこにかかわる神経生物学的プロセスゆえに、世界と現実のイメージに直接的な接続をもつだけであって、世界と現実との直接的な接続をもたない、とまで拡大解釈する。
- シュッツ（Schütz, 1962）、バーガーとルックマン（Berger & Luckmann, 1966）、ガーゲン（Gergen, 1999）の伝統における社会構成主義は、日常生活における社会的な慣習化、知覚、知識を探究*する。
- 構築主義的科学社会学、すなわち「実験室－構築主義」研究（Knorr-Cetina, 1981）は、社会的、歴史的、地域的、実践的その他の要因が科学的発見にどう影響するかを確かめようとし、科学的事実を社会的構成物（局地的産物）として見なす。

　構成主義は1つにまとまったプログラムではないが、心理学、社会学、哲学、神経生物学、精神医学、それに情報科学といった多くの学問分野で並行して発

展している。それがこのアプローチをとる多くの質的研究プログラムに教えるのは、私たちが研究している現実とは、行為者たちの社会的産物、つまり相互作用と制度の社会的産物であるということである。

構成主義も質的研究の理論的背景も、研究する世界に対する1つにまとまったアプローチではなく、世界の諸部分を理解するのにさまざまな強調点と焦点をもつ一種の万華鏡であるとしても、さまざまな質的研究プログラムに共通する基本的な理論的前提を述べることができる（Flick et al., 2004b, p.7）。人びと、制度、それに相互作用が、人びとが生き、出来事が生じる現実を生み出すことに大きくかかわっていること、こうした生成力は意味作成の過程に基盤があること、である。「客観的な」生活状況（病気のような）は、多かれ少なかれそれに付与される主観的意味によって、生活世界にとって意義のあるものになる。この意味作成の過程を理解したいなら、人や制度やコミュニケーションがどのように世界や社会的現実を作るのかを、研究において再構成することから始めなければならない。これらの諸前提は、インタビューのような方法（Kvale, 2007 および Gibbs, 2007 参照）を使う理論的・認識論的背景であるし、また人がどのように意味作成にかかわるのかを理解するための、また人びとの観点を通してその問題を理解するための背景でもあり、あるいはフォーカスグループ（Barbour, 2007 参照）、エスノグラフィー（Angrosino, 2007 参照）、会話分析（Rapley, 2007）、ビジュアルな手法（Banks, 2007）を使って相互的な過程や対象や表象に意味がどのように作り上げられるのかを見るための背景でもある。

質的研究 ── 手法と態度

すでに明らかになったであろうが、現在使うことのできる質的研究の手法はかなり広範にわたる。リサーチクエスチョンに答えるのに使えそうな手法が、混乱を招きかねないほど種々さまざまにあるかもしれない。手にしうる限りの質的研究の教科書、モノグラフ、雑誌論文、それに本の章を集めてみても、まだ方法論を明確化する余地があるし発展の必要性もある。こうした点については、この「キット」の全体、そして「キット」の各巻で出会うことになるだろう。

- まず第一に、上で述べた適合性の原理に従って、質的研究の新しい手法を発展させ続ける必要性が依然としてあると思われる。使うことのできるインタビュー法（Kvale, 2007）はさまざまあるが、いまある方法が完全にふさわしいと言えないなら、新しいタイプのリサーチクエスチョンのために、あるいは研究している新しいタイプの参加者のために、新しい形のインタビューを発展させる必要性がまだあるだろう。
- 第二に、いまある手法についての知識をさらに発展させる必要がある。たとえば、それらをどう使うのか、その使用の際の主な障害はどのようなのか、である。いまある手法の適用*、洗練の可能性、限界について、さらに方法論上・実践上の省察をする必要がある。
- 第三に、ある特定の手法を（他の利用可能な手法ではなく）どのようなときに使うのかについて、明白なアドバイスが必要である。特定の手法を使うのを研究者に決めさせるのは何か、その決定を導くのは何か、そして質的研究における（方法論的な）習慣の役割は何なのか？
- 質的研究は、測定に基づく研究ほどには、方法論上の決まり事を形式的に適用しない。われわれの分野では、フィールドにおいて働く直観、メンバーとの接触において働く直観だけでなく、特定の手法を行う際に働く直観もまた非常に大きな役割を果たす。したがって、研究において直観がどのように働くのか、そしてより一般的には、質的研究において研究実践とそのお定まりの手順がどのように働くのかについて、もっと知る必要がある。
- また、研究の諸過程において、たとえばデータ収集と解釈において、さまざまな手法とステップがどのようにうまく馴染むのかについても、もっと考える必要がある。
- 最後に、質的研究者がどのようにして質的研究の質を判断するのかについて、もっと理解する必要性が依然としてある。研究者自身の目からだけでなく、研究結果を受け取る人たちの目から見ても、研究を良いものにするものは何か？

このように、特定の質的研究の及ぶ範囲とその限界について、まだまだわれわれの知識をもっと精緻なものにする必要があるし、質的研究の日々の実践に

おける使い方についても同様である。

　しかしながら質的研究とはやはり、たんにリサーチクエスチョンに答えるためにあれこれの手法を使うことだけにとどまらない。質的研究とは特定の態度に基づいているのである。それは、研究される人、研究される事柄へのオープンな態度、フィールドに入り、そしてそこを動きまわる際の柔軟な態度、研究される人やフィールドに何らかの構造を押しつけるのではなく、人やフィールドの構造を理解する態度、などである。質的研究の発展、教育、応用において、われわれは、技術と質的研究に適切な態度とのバランスを保つようにしなければならない。

本書および「SAGE 質的研究キット」の構成

本書のプラン

　本書では、質的研究に関する入門としてさまざまな見解について述べ、質的研究のデザインという観点から質的研究と研究プロセスを簡潔に概観してゆく。次章は、漠然としたアイデアや関心からリサーチクエスチョンを発展させるやり方についてである。3章は質的研究におけるサンプリングの基本的戦略と、現場へのアクセスをどう見つけるかについて述べる。4章は質的研究の研究デザインの考えをより詳しく展開し、研究デザインに影響するものと研究デザインの要素に焦点を当て、また基本的デザインとその実例を考察する。5章は、現場で直面するであろう必要な資源と障害についての情報である。6章では、研究デザインの観点から質的研究の質について取り組むが、この考察は7章の研究倫理でも続けられる。残りの章（8章〜10章）は、質的研究におけるもっとも重要ないくつかの手法について、簡潔に概観する。8章は、インタビューとフォーカスグループにおける言語データの収集法を述べる。9章はエスノグラフィーとビジュアルな手法についての章であり、10章は質的研究における基本的な分析戦略についての情報である。これら3つの章の焦点もみな、質的研究をデザインすることにある。最終章ではいくつか結論を述べ、研究デザインと研究計画書*執筆の関係を2つの側面から考察し、そして「SAGE 質的研究キット」の他の巻を概観する。

「SAGE 質的研究キット」の他の巻

本書において質的研究の枠組みを概観し、基本的に特定の観点（質的研究をデザインすること）からさまざまな手法について述べるが、「SAGE 質的研究キット」の他巻では方法論的アプローチがさらに詳しく詳しく述べられる。クヴァール（Kvale, 2007）はインタビューをどう使うかの入門である。バーバー（Barbour, 2007）は、フォーカスグループの用い方について紹介する。アングロシーノ（Angrosino, 2007）はエスノグラフィーと参与観察について考察し、バンクス（Banks, 2007）は質的研究におけるビジュアル・データ（写真、映画、ビデオ）の使用について述べる。ギブズ（Gibbs, 2007）は質的データの分析におけるコード化とカテゴリー化*のアプローチを紹介し、またその文脈でコンピュータとそのソフトウェアの使用についての注意を述べる。ラプリー（Rapley, 2007）は会話、ディスコース、ドキュメントの研究へのアプローチを述べる。最後の本（Flick, 2007）では、質的研究における質の問題をさらに詳しく考察する。

キーポイント

- 質的研究は現在増殖の過程にあり、さまざまな研究視角と応用分野を生んでいる。
- しかし、この多様性には共通した特徴と課題がある。
- この多様性すべてにかかわる基本原理として、適合性を考えることができる。
- 質的研究は、手法を使うことと、ある態度をとることとの間に位置づけられる。

さらに学ぶために

本「キット」の他巻では、全体の案内である本章で簡潔にふれた問題がより詳しく展開されているが、それらに加えて4冊を薦める。それぞれ異なった角度からここでふれた諸領域に取り組んでいる。

Denzin, N. & Lincoln, Y. S. (Eds.) (2005b) *The Sage Handbook of Qualitative Research* (3rd ed.). London: Sage.

Flick, U. (2006) *An Introduction to Qualitative Research* (3rd ed.). London: Sage.

Flick, U., Kardorff, E. von & Steinke, I. (Eds.) (2004a) *A Companion to Qualitative Research*. London: Sage.

Seale, C., Gobo, G., Gubrium, J. & Silverman, D. (2004) (Eds.) *Qualitative Research Practice*. London: Sage.

訳者補遺

デンジン&リンカン／平山満義（監訳）(2006)『質的研究ハンドブック1巻——質的研究のパラダイムと展望　2巻——質的研究の設計と戦略　3巻——質的研究資料の収集と解釈　北大路書房』(Denzin, N. & Lincoln, Y. S. (Eds.) (2005b) の第2版（2000年刊、Sage 社）の翻訳）

フリック／小田博志（監訳）(2011)『新版 質的研究入門——〈人間の科学〉のための方法論』春秋社（Flick (2006) のドイツ語版第3版（2007年刊、Rowohlt 社）と英語版第4版（2009年刊、Sage 社）の翻訳）

無藤隆・やまだようこ・南博文・麻生武・サトウタツヤ（編)(2004)『質的心理学——創造的に活用するコツ』新曜社

やまだようこ・麻生武・サトウタツヤ・能智正博・秋田喜代美・矢守克也（編)(2013)『質的心理学ハンドブック』新曜社

2章 アイデアからリサーチクエスチョンへ

研究のための関心とアイデア —— 実例
ある研究視角をとる
質的研究で理論を使う
リサーチクエスチョンを発展させる
まとめ

この章の目標

- 個人的な関心や科学的な関心や経験が背景となって、どのように研究上の関心を発展させるのかを多くの実例で理解する。
- そのような関心からリサーチクエスチョンに至る過程についてさらに知る。
- 質的研究において、ある視角をとること、理論を使うことの意義を理解する。

本章では、質的研究についての全般的な考察から焦点を転じよう。ここでは、フィールドでの実際の調査行為の準備段階である、研究の計画と準備の諸問題に取り組む。その目的のために、私自身の研究を具体例として用いて、計画するということの一般的な課題と問題を考察する。かなり大まかな言い方をすれば、この研究プロジェクトは、専門家の抱く健康観と老化観（Flick et al., 2002, 2003）、それからホームレス青年たちの健康（Flick & Röhnsch, 2007）に焦点を当てたものである。

研究のための関心とアイデア ── 実例

　研究のアイデアがどのように生じてリサーチクエスチョンに発展したかの実例を、質的研究の歴史の中にいくつか見つけることができる。たとえばグレイザーとストラウス（Glaser & Strauss, 1966）は「死のアウェアネス」のアイデアを、どちらも母親を病院で亡くすという特殊な経験をした後に発展させた。この経験が彼ら自身の関心と意識を、死にゆく人たちとコミュニケートし、またそうした人たちについて語る過程へ向けさせ、後にアウェアネス状況として述べるようになったと、彼らはかなり詳しく述べている（pp.286-287）。この例では、研究のアイデア、関心、疑問を発展させた背景は、個人的なもの、つまり研究者たちの最近の個人的な経験だった。

　ホックシールド（Hochschild, 1983, p.ix）は、彼女の子ども時代の家庭と社交生活における経験が、後の「人はどのように感情を管理するのか、ということへの関心」への源泉であり出発点だったと述べる。アメリカ合衆国外交局員だった彼女の両親は、さまざまな文化的背景をもつ外交官たちが生み出すさまざまな形の笑顔（とその意味）を見て解釈する機会を彼女に与えた。ホックシールドはこうした経験から、笑顔や握手のような感情表出がいくつかのレベルで ── 人から人へと同様に、その人が使者として代表する国から他の人が代表する国へ ── メッセージを伝えることを知った。このことは特別な研究上の関心をもたらした（もちろんずっと後にだが）。

　　私は、私たちが働きかけている対象とは何かを、明らかにしたかった。そして、感情が自己からのメッセンジャーとして働くこと、私たちに、自分が目にしているものと目にするだろうと期待していたものとの関係性について瞬時に報告し、それに対して自分は何をする準備があると感じているのかを教えてくれるエージェントである、という考えを探求することに決めた。(石川・室伏訳, 2000, p.viii 一部改訳)

　この関心から彼女は、公共の目にふれる2種類の労働者（客室乗務員と集金人）の研究（『管理される心』）を発展させ、彼らが仕事で客と接するときに感

情を誘発したり抑圧したりするために、感情作業がどのように行われるのかを示そうとした。

　マリー・ヤホダ（Jahoda, 1995; Fleck, 2004, p.59 も参照）は、オーストリアのマルクス主義理論家であり社会民主党の指導者だったオットー・バウアー（Otto Bauer）によって、ポール・ラザーズフェルドとハンス・ザイゼルとともに行った研究『マリエンサル：ある失業コミュニティの社会学』（Jahoda et al., 1933/1971）へと突き動かされたと述べている。背景には1929年の大恐慌があり、研究者たちの政治的関心と政治的志向もあって、彼らに、メンバーのほとんどが失業したときコミュニティはどのように変化するのかを研究するというアイデアを思いつかせた。この漠然とした考えが推進力となって、彼らは、失業状態へ向ける住民の態度はどのようなものか、失業状態の社会的帰結はどのようなものか、というリサーチクエスチョンへと発展させた。

　こうした例を比較するなら、これらは研究上の関心、アイデア、そして最終的なリサーチクエスチョンを発展させるさまざまな源泉を示している。それらは、非常に個人的な経験（グレイザーとストラウス）から社交上の経験と環境（ホックシールド）、また社会問題と政治的かかわり（ヤホダら）までの広がりをもつ。いずれの場合も、漠然とした好奇心が湧き上がり、後にそれが追求され、具体的な言葉になった。もちろん研究上の関心には、ここで示した例よりももっと科学システムの内部に位置づけられる他の源泉もある。先行研究、未解決の問題、先行する知見から導かれる新しい問題等から、たくさんの研究が生み出されている。特別な方法論的関心をもつ研究者もおり、その場合はある手法の可能性や限界を探求するための良い例を探すことになるだろう。

　専門家のもつ健康観に関する私たちの研究の場合、研究上の関心の背景には2つの源泉があった。まず、研究チームは研究の展望としても専門家としての訓練においても、公衆衛生（Schwartz, 2003 参照）と新公衆衛生＊（new public health, Flick, 2002）に共に長らくかかわっていた。第二に、健康の主観的理解に関心があった（Flick, 1998a, 1998b 参照）。このことから私たちは、公衆衛生の中心的概念としての健康観、健康増進と予防が、健康関連機関における日々の実践にどのようなインパクトをもつかという関心を発展させた。この例では、研究のためのアイデアは、科学上の関心と同様に政治的関心事（公衆衛生概念をいまある健康システムの変更と改善にどう使うか）にも根ざしていた。

ある研究視角をとる

　こうしたアイデアから研究プロジェクトを展開し、そしてリサーチクエスチョンに練り上げるための第二段階（アイデアを得た後）は、何らかの研究視角をとることである。グレイザーとストラウスの場合、研究視角は、理論的な知識や説明のない領域のための理論を発展させることだった。そのために彼らはあらゆる種類のデータを集め、こまごまとした観察データを比較・体系化することで分析した。彼らの研究の目的は、こうしたこまごまとしたデータを関連づけ、体系化し、理解し、かつ彼らが関心を抱いた社会現象がどのように行われているのかを説明する、ある基本的な概念——中核概念——を取り出すことだった。こうして彼らの研究視角は理論の発展、つまり1つの中核概念を見つけることで多様性を減少させることと、構造を見つけること——彼らの場合は中核概念の4つの形態が見出された——に焦点が当てられた。病院での死と臨死についてどのようにコミュニケーションがなされるか、なぜ人びとはこうした状況や患者の差し迫った死についてしばしば話さないのかを説明するために、グレイザーとストラウス（Glaser & Strauss, 1965）は1つの理論を発展させた。それは「アウェアネス文脈」という中核概念とその4つのバージョンに基づいて整理された。彼らがとった研究視角はデータから理論を発展させるというもので、これはそれ以降、質的研究における基本的な視角となった。

　第二の視角は社会過程を分析するためにとられるものだが、ある種の経験をした人びとの個人的な経験に焦点を当てるものである。このような個人史的な視角はその特殊な出来事から始まり、こうした出来事がもたらしたもの、あるいはそうした出来事が一般にどう対処されたかについて、さまざまな例を分析する。その出来事は、慢性病や末期の病いの発症や診断（Frank, 1995 参照）のような個人的なものであったり、政変のようなより大勢の人に共通するものであったりする。その出来事にかかわった人びとがどのような経験をするのか、その出来事をどう扱うのか、それがもたらしたものとどう折り合いをつけ、ことによるとその出来事に対処する自身の人生をどう認識しているかを理解するため、研究では個人史的な視角がとられる。この視角はこの経験をもつ人たちにインタビューし、その人生を説明する余地を与えようとする。それに続く分

析は、たとえばこの経験とともに生きるさまざまな生き方の分類を発展させるために、こうした経験を比較することに焦点が置かれる。次のステップとして、研究対象であるその出来事へ対処するための理論を発展させることもあるが、このステップは必ずしもどの研究でもとられるわけではない（Rosenthal & Fischer-Rosenthal, 2004 参照）。

　私たちの専門家の抱く健康観についての研究プロジェクトでは、健康観が専門的実践における日常的な知識にどのように変容するのかを追うために、理論的視角から始めた。そこでは私たちは、中心的な概念を見つけることや理論を作り上げていくことにはあまり関心がなかった。したがって、私たちの関心は、データの多様性を減らして1つの中核概念や理論モデルに至ることではなかった。むしろ私たちは、研究している理論的知識——新公衆衛生から導き出される諸概念——がどのように専門家集団に採用され、そしてこの種の採用のしかたがどう異なるのかを知ることに関心があった。そのため私たちは研究のための理論として、社会的表象＊（social representations）を取り上げた（詳しくは Moscovici, 1973, 1998; Flick, 1998a; Flick & Foster, 2007 参照）。社会的表象は、伝統的に次のように理解されている。

　　　二重の機能をもつ価値、概念、実践の体系。1つは、個人個人に自身の物質世界と社会における方向づけとその支配を可能にする秩序を確立させることである。2つ目は、コミュニティのメンバーに社交上のやり取りのためのコードを与え、また世界、個々人の歴史、集団の歴史のさまざまな側面をはっきりと名づけ分類するためのコードを与えることによって、メンバー間にコミュニケーションが生じるのを可能にすることである。（Moscovici, 1973, p.xvii）

　私たちの関心は、新公衆衛生に由来する概念とアプローチと目標を、2つの専門家集団が日々の実践の中でどのように異なる使い方をするのかにあった。社会的表象理論は、ある科学理論に由来する概念とアイデアが日常生活の中でどのように取り上げられるのか、またどのように日常業務と実践において具体化され、そこに根を下ろすのかを記述する（図2-1 参照）。

　これら3つの例は、非常に似た領域における質的研究において、さまざまな

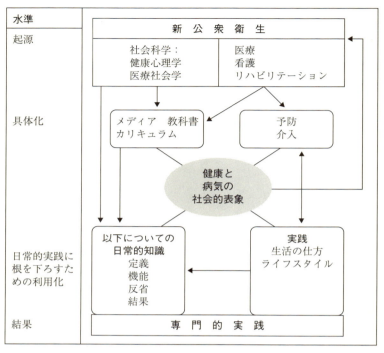

図 2-1　健康と病気の社会的表象

研究視角がとられうることを示している。グラウンデッド・セオリー研究は、ボトムアップな視角の例である（現象と実践から理論と説明へ）。社会的表象理論は、トップダウンの視角の例である（理論的概念と科学モデルから日常的実践へ）。個人史研究は、中間のレベルから始まる視角の例であり（出来事と対処ストラテジー）、それは両方向へ進むことができる。個人的な経験と報告の分析から理論を発展させることもできるし、出来事に対処するのに人びとがどのような知識を使い、その利用のしかたがどう異なるのかを調べることもできる。他の例がこの3例を補完するかもしれない。エスノメソドロジー研究の視角は、より形式的な視角から語りと行為の日常的な慣行を分析することに関心がある。エスノグラフィーは、形式的な視角をもたずに、そうした実践を詳細に記述することのほうに関心がある。

　ここで重要なのは、質的研究者もやはり自身の課題を追究する中である研究

視角をとる必要があるということ、そして質的研究において有用でしばしば使われる研究視角は、1つだけではないということである。研究者は自身の研究のために1つの視角を決める必要があるだけでなく、有用な代案の範囲の中から1つを選ぶ必要がある。ここに示すわれわれの例は、研究対象を追究する中で、そしてもっとも広い意味でリサーチクエスチョンを定式化するために、研究視角がどのように選ばれるのかを示すはずである（以下参照）。

質的研究で理論を使う

質的研究は既存の理論を頼りにしないものだ、というのは、グレイザーとストラウスの著作（Glaser & Strauss, 1967）が生んだ神話である。いくつかの理由により、この神話、およびこれに類似した言い方は、かなり昔に修正されている。1つの理由は、グレイザーとストラウスがグラウンデッド・セオリーを発展させた研究プログラムに着手した頃と比べると、実証的な研究が行われていなかったり理論的分析の対象になっていなかったりする領域を見つけるのがいっそう困難になっていることである。第二の理由は、「理論」がその頃よりも分化したことである――利用可能なたくさんの中範囲の理論や狭い範囲の理論がある（質的研究由来の場合もある）。質的研究においてもやはり、研究を始める際にあえてナイーブであろうとするのでない限り、既存の理論や経験的な研究の成果に頼らなければならない。

前述したことに従うなら、研究プログラムを計画する際、突き合わせることのできるさまざまな種類の理論がある。

第一に、研究の認識論的基盤に始まって、研究全体を特徴づける背景となる理論*がある（たとえば、われわれが頼るのは構成主義といった種類のものだろうか、それとも実在論的認識論といった種類のものだろうか？）。

第二に、研究プログラムの理論的視角は、どのようにして具体的な研究を計画するのかを特徴づける。個人史的な視角をとる場合は、個人史について、話し手としての個人について、その人に起きたことを振り返る人間の能力について、などのたくさんの前提を、それは伴うのである。社会的表象の視角をとる場合は、人びと（素人と専門家）は科学的言説や公共の言説から知識を得ること、特定のやり方でそれらに由来する知識を処理すること、人びとがどのよう

にそれをするのかに社会状況が影響することを、前提にしているのである。たとえば、関連する科学領域での新しい展開を医師が自身の実践に結びつけるやり方は、看護師とは異なる、ということが含意されている。こうした諸前提は、現在進行している研究プロジェクトの実際問題としてまだ特定されていなくても、採用される研究視角にとってきわめて重要である。

　第三に、そうした諸前提は研究課題についての理論的知識によって補われる。たとえば、末期の病いに直面することは患者にとって通常何を意味するのか、健康増進とはいま存在している病気を治療することを超えることなのか、病気の前に始まるのか、である。この理論的知識は文献と、既存の一連の研究から生まれる。

　第四に、研究プロジェクトに使う具体的な手法に結びついた理論的諸前提をわれわれは使っている——ナラティヴ・インタビューにおいては、人びとがきわめて重大な経験について人生物語の形で話すとき何が起こるのかについてのさまざまな前提を置いている、等々。

　このように、認識論、研究視角、研究課題、使おうとする方法から生ずる4つの形の理論的知識がある。これらの形の知識はすべて、われわれがどのように研究をし、またそれ以前にどのように研究計画を立てるかに、暗黙の役割や、明白な役割（こちらのほうが良い）を果たすのである。

リサーチクエスチョンを発展させる

　研究課題に実証的に取り組む前にすべきことは、研究したいことは正確には何なのかを自分自身に（そして将来の読者*に）はっきりさせることである。研究上の関心と研究視角は必須のステップである。しかし多くの場合、両者とも、研究の道具（インタビュー・ガイドのような）や研究デザイン（誰にインタビューするか）を発展させ、最終的に明確で適切なデータセットを集めるのに十分なほどに焦点化されていない（詳細はFlick, 2006, chap.9 参照）。私自身の研究、そして他の人の研究のスーパーバイズとコンサルティングの経験から言うと、あいまいなところのない明確に定式化されたリサーチクエスチョンをもつことが、プロジェクトの成功にとって決定的である。それが、何が重要か（データとして何を集めるか、データ中の何を分析するか等）を決めるし、さ

らには何が重要でないか、進行中のプロジェクトにとって何が放っておかれるべきかについても決めるのである。しかし、そのようなリサーチクエスチョンを導き出すやり方はさまざまある。1つは、研究を定義し定式化することから始め、実証的な作業を通してそれへの答えを追究してゆくやり方である。もう1つは、病院における臨死と死についてのグレイザーとストラウス（Glaser & Strauss, 1965）の例に見られるように、漠然とした観察から始め、それを続けながらリサーチクエスチョンを徐々に焦点化していくやり方である。グラウンデッド・セオリーを概念化するとき、「リサーチクエスチョン」の語は大きな役割を果たさない（Glaser & Strauss, 1967; Charmaz, 2006 も参照）。しかしながら質的研究やグラウンデッド・セオリーの初心者にとって、研究に答えるためのガイドラインとして明確なリサーチクエスチョンをもつことは、十分役立つと思われる。かなり漠然としたリサーチクエスチョンで始まる場合でさえ、最後にはプロジェクトの中で何度も洗練され、定式化し直され、時には焦点化し直されるだろう（より詳細な説明は、Flick, 2006, chap.9 参照）。

　個人史の研究プロジェクトでは、リサーチクエスチョンの定式化には、そのプロジェクトが関心を向ける出来事、この出来事を経験する集団や一定の状況についての見解、生活史における期間が含まれ、それらに実証的アプローチの中で焦点が当てられるだろう。病気の経験の場合なら、しばしば病気が発症したり診断がついたりしてからの時間が取り上げられるが、その出来事以前の期間に焦点が当てられることがよくある。

　先にふれた専門家の抱く健康観についての研究（Flick et al., 2002）では、私たちは、公衆衛生への志向が保健の現場における在宅看護サービスの主要機関にはたして届いているか、またどこまで届いているか、ということ全般に関心を抱いていた。これはもちろん、まだ実際の研究を始めるために使えるリサーチクエスチョンではない。そのため私たちは、この全般的な関心をより焦点化された視角へ発展させねばならなかった。そこで私たちはまず、在宅看護師と家庭医が抱く健康観に焦点を絞った。続いて私たちは、彼らの仕事の一部である予防と健康増進に対する態度に、より具体的には彼らの患者の特定部分──高齢者──の予防と健康増進に対する態度に焦点化した。これを背景にして、私たちはインタビューを使って追究したい一連の問題を明確にしていった。

- 医師と看護師が抱く健康観はどのようなものか？
- 健康表象のどの次元が、高齢者を相手にした専門業務に関係するのか？
- 高齢者の予防と健康増進に対する専門家の態度はどのようなものか？
- 家庭医と看護師が抱く老化観はどのようなものか？　老化観と健康観の関係はどのようなものか？
- 専門家は自分たちの抱く健康観が、その専門的実践にどのような意義をもっていると見なしているのか？
- 健康観と専門的訓練・経験との間に関連はあるのか？

　私たちはこうしたリサーチクエスチョンを、医師および看護師に対するエピソード・インタビュー＊（Flick, 2006, 2007 参照）の道具を開発する出発点とした。このプロジェクトを振り返り、上のリストに含まれるさまざまなリサーチクエスチョンの数の多さについて批判的に考えた。特に質的研究の初学者には、私たちの研究に似たプロジェクトを計画する際、1、2のリサーチクエスチョンに絞るよう勧める。

まとめ

　研究の計画と準備におけるこれらのステップは、具体的に研究事例をデザインし、作業を開始するために重要である。グレイザー（Glaser, 1992）は何度か「やるだけさ」と言ったが、それでできた時代は、質的研究にとっても終わりを迎えた。今日、関心を抱いた問題に取り組むため質的手法を用いる研究に着手する研究者の前には、研究をよりうまく行うために使うことのできる莫大な背景的知識がある。したがって、リサーチクエスチョンを明確にし、その研究についての既存文献をよく知ることが必要と思われる。また慎重な計画の立案、慎重な研究視角の決定、しっかりとした事前調査を、プロジェクトの計画段階ですべきである。これには、フィールドへのアクセスの準備、あなたとフィールド、メンバー、組織との関係の明確化、それにあなたと研究チームが使いたい手法に熟練することが含まれる。

≡ キーポイント

現代的な質的研究を準備し、計画するためには、以下のことが必要と思われる。

- 漠然としたアイデアと関心を、多少とも焦点化されたリサーチクエスチョンに発展させること。
- 研究視角を定めること(そしてその理由を知ること)。
- そして、理論と文献を多様なレベルで最新のものにすること(認識論的レベル、理論的レベル、方法論的レベル、その課題自体のレベル等で)。

さらに学ぶために

以下の参考書には、さまざまなアイデア間の関係、研究視角、それにリサーチクエスチョンを明確にするために本章で使った実例が、もう少し詳しく説明されている。

Charmaz, K. (2006) *Constructing Grounded Theory: A Practical Guide Through Qualitative Analysis*. Thousand Oaks, CA: Sage.[抱井尚子・末田清子(監訳)(2008)『グラウンデッド・セオリーの構築――社会構成主義からの挑戦』ナカニシヤ出版]

Fleck, C. (2004) 'Marie Jahoda', in U. Flick, E. von Kardorff & I. Steinke (Eds.), *A Companion to Qualitative Research*. London: Sage, pp.58-62.

Flick, U. (2006) *An Introduction to Qualitative Research* (3rd ed.), Part 7. London: Sage.

Flick, U. & Foster, J. (2007) 'Social representation', in C. Willig & W. Stainton-Rogers (Eds.), *The SAGE Handbook of Qualitative Research in Psychology*. London: Sage, pp.195-214.

訳者補遺

佐藤郁哉(2002)『フィールドワークの技法』新曜社、の3章

3章　サンプリングと選択とアクセス

質的研究におけるサンプリングの論理
サンプリングのための示唆
人びとのサンプリング
サイトと出来事を選ぶ
集団を構成する
コーパスを作る
事例内、資料内のサンプリング
アクセスを明確化することと必要な承諾

この章の目標
- 質的研究におけるサンプリングのさまざまな論理を理解する。
- 質的研究においてサンプリングの決定が行われるレベルについて知る。
- 事例のサンプリングは、事例内のサンプリングによって補われることを理解する。
- 現場へのアクセスの見つけ方についてさらに知る。

　質的研究を行う際に、サンプリングという言葉がはたして適切なのか、疑問とされることがある（たとえば Maxwell, 2005, p.88）。しかし質的研究でも、もちろんこの用語が提起する問題に直面する。可能な選択のしかたは事実上無限であるが、限定された資源で研究ができるように、何らかの明確なやり方で、「適切な」事例、集団、資料を選ばなければならない。そしてその選んだもの

で、われわれは何らかのしかたで一般化できる言明——多くの場合、少なくとも研究状況を超えた一般化*、たとえばインタビューをした4人や40人を超えた一般化——をしたいのである。質的研究におけるこの問題は、他の形の社会科学研究と大方同様であり、私はここでは「サンプリング」の語を使っていくこととする。

質的研究におけるサンプリングの論理

　量的研究ではサンプリングは、たとえば母集団から無作為にサンプルを抜き出す、サンプルにある人数を割り当てるなどといったように、通常定式化されている。抜き出されたサンプルは、それより大きな母集団の特徴と分布を代表する、との考えがここにはある。ここでのサンプルは、サンプルを研究することから導き出された知見を（より大きな）母集団に帰させるために、代表的でなければならない。したがってここでのサンプリングは、（統計的）一般化の論理を追究している。

　質的研究におけるサンプリングは、これとは別の論理に従うことがある。より定式化されたサンプリングと、より意図的で柔軟なやり方とを区別することができる。たとえば1つ目のやり方では、何らかの特徴をすべて含むようにあらかじめ事例（たとえばインタビュイー）の数が決められる。研究に取りかかる最初に、インタビューする必要のある女性参加者と男性参加者の数を決め、その年齢の幅を定め、特定の職業といった他の基準を決める、などがされるだろう。これの背景にある考えは、ジェンダー、年齢、職業といった人口学的な諸特徴は研究する事柄の多様性を担保するのに役立ち、サンプルにこの多様性が含まれるようにしなければならない、ということである。たとえば健康観を研究する場合、健康観は男性と女性とで違う、年齢を重ねると変化する、という仮定から始めるならば、サンプルを異なる年齢の男女からなるものとするだろう。われわれは暗黙にであれ計画的にであれ、こうしたサンプルを使って後に比較するための複数の集団を決めている。つまりはデータ分析において、年長者と若者の間の違いが体系的に調べられるだろう。

　これと異なる論理は、研究においてより意図的に、ステップ・バイ・ステップで事例を定義していくものである。グラウンデッド・セオリー研究ではサン

プリングの決定は形式的にも事前にも行われず、データの継続的な収集と分析を背景に、研究が進展する中で行われる。定式化された形のサンプリングでは、サンプルに何が含まれるべきか、それをどのようにして見つけるのかについての何らかの考えがサンプリングの論理の背後にあるが、理論的サンプリング*においてはむしろ、データにおいて何が足りないか（そして不足を補うことを可能にする洞察）についての考えが重要であり、それがサンプリングを決める原動力になる（理論的サンプリングの詳細については Charmaz, 2006, および Flick, 2007, chap.4 も参照）。

　サンプリングに関しては、マイルズとヒューバーマン（Miles & Huberman, 1994, pp.16-18）が行った区別が役立つ。彼らはタイトな研究デザインとルーズな研究デザインを区別し、具体的なプロジェクトとその状況によってどちらにも利点があると考えた。タイトな研究デザインは狭くて限定的なリサーチクエスチョンによって、またあらかじめ構造化された選択手続きによって特徴づけられる。調査フィールドと実証的な資料における開放性の程度は、どちらかというと限定されている。マイルズとヒューバーマンは、このようなデザインを質的研究の経験に乏しい研究者に勧める。また彼らは、これは研究が明確に定義された構成概念に基づいている場合、そして研究が慣れ親しんだ状況での特定の人間関係の調査に限定されている場合に役立つ、としている。そのような場合、ルーズなデザインは期待される結果への遠回りでしかないと彼らは考えている。タイトなデザインではどのデータやデータからの抜粋が研究のために重要かそうでないかを決めるのが容易である。またタイトなデザインは、たとえば、さまざまなインタビューや観察を比較したり要約したりするのを容易にする。それは、たとえば明確に定義されたサンプリング計画に基づくだろう。

　一方ルーズなデザインは、あまりはっきりしない概念をもたないのが特徴で、最初はほとんど方法論的手続きが確立されていない。マイルズとヒューバーマンによると、このタイプのデザインは、さまざまなフィールドでの質的研究の経験のある研究者が、新しいフィールドで研究し、理論的構成概念がそれほど発展していない場合に適切である。ルーズなデザインは、グレイザーとストラウス（Glaser & Strauss, 1967）の方法論的示唆から得るところが大きい。たとえば、かなり開放的で柔軟な理論的サンプリングの扱いである（Flick, 2007, chap.4 も参照）。

このデザインの区別は、上述したサンプリングの対案——より形式的なものとより意図的なもの——の背景になっている。サンプリングの形式的なやり方は、多かれ少なかれタイトなデザインの一部であり、あまり経験のない研究者にとって扱いやすい。意図的なサンプリングを行うのにはより開放性と柔軟性を必要とし、したがってそれはルーズなデザインとなるであろうから、研究者がより経験のある場合に扱いやすい。

サンプリングのための示唆

サンプリングは、たとえばインタビューされる人や観察される状況の選択だけでなく、そうした人や状況が見つかることが期待されるサイト*の選択にも焦点を当てる。質的研究におけるサンプリングは多くの場合、いまある、あるいは仮定されている母集団の一部を、形式的に（たとえばランダムに）選ぶことに向けられていない。むしろ、関心のある現象を研究するための実例の集合体を、もっとも成果が大きくなるように作るために、事例、資料、出来事を慎重に選ぶための方法と考えられる。したがって質的サンプリングに対する示唆は、大概、意図の概念をめぐってなされる。質的研究においてサンプリングを真剣に考えることは、研究している現象のバリエーションとバラエティをできるだけ実証的な資料の中に捉えることができるようにする、多様性の扱い方の1つなのである（Flick, 2007, chap.4 参照）。

パットン（Patton, 2002）は、意図的サンプリングには以下のような代案があると示唆している。

- まず、意図して**極端**な事例や逸脱した事例を入れる試みがある。慢性病への対処の過程を研究する場合、病いを日常生活にもっともうまく統合している事例と、日々の実践において病いに適応するのにもっとも大きな困難を抱えている事例を探し、両者を比較するかもしれない。ここではそのフィールドの全体的な理解に達するために、研究するフィールドがその極端から照らされる。
- 別の案は、特に**典型的**な事例、つまりたくさんの事例の平均、ないし大半にとって、成功も失敗も特に典型的である事例を探すことである。ここ

ではフィールドは、内側から、その中心部から開示される。
- パットンが示唆する3つ目は、サンプルにおける**最大**の**多様性**を目指す。これはわずか数事例でサンプリングを完成させるが、フィールドにおける多様性と差異の範囲を明らかにするために、その数事例をできるだけ異なるようにすることを意味する。
- 事例において与えられる、ないしは仮定されている興味深い特徴、過程、経験等の**強度**に応じて事例を選ぶこともできる。最大の強度をもつ事例を探すか、さまざまな強度の事例を体系的に取り込んで比較するかのどちらかとなる。
- 研究される経験や過程が特に明確になるように、決定的な事例を選ぶこともできる。たとえばその現場におけるエキスパートの意見がそうである。
- 研究の肯定的知見をもっとも効果的に例証するために**微妙な事例**を選ぶことが有益なことがあり、これがサンプルに入れる理由となる。しかし、倫理的観点からこうした事例が問題となるかもしれないときには、むしろそうした事例を除くべきである。
- 対案リストの中でパットンは、**利便性**の基準にふれている。それは与えられた条件下でもっともアクセスしやすい事例を選ぶことを意味している。しかしこれは実際にはサンプリング計画のしかたについての示唆ではなく、むしろよりきちんとした代案を適用することができない場合のセカンド・ベストな選択と言える。この戦略は少ない努力で済むかもしれないが、時間と人的資源が限定されているため、あるいはより管理されたサンプリングの方法を適用することに問題があるため、これが研究の唯一の方法である場合にのみ、選択されるべきである。

マイルズとヒューバーマン（Miles & Huberman, 1994, p.28）は、質的研究のための、多少とも体系的で実用的なサンプリングの他の形態をいくつか付け加えている。彼らが言及するのは、グループ・インタビューにおける特段の**同質サンプル**の使用、特定の理論的構成概念に由来し経験的に洗練させる必要のある、**理論に基づくサンプル**の使用である。また彼らは、**無作為な意図的サンプリング**（意図的サンプリングを一貫して行えば、扱い切れない大量の事例となってしまう場合）や**階層化された意図的サンプリング**（比較のためサンプル

内に下位集団を作ることに基づく）や**混合サンプリング**（複数の関心とニーズを1つのサンプルで具体的な言葉にする）のような、混合した形も提案している。最後に彼らは、**雪だるま式サンプリング**（インタビュイーに、研究にとって適切と思われる人物やそれに類した人物を紹介してくれるよう頼むことで、1つの事例から次の事例へと進む）をリストに挙げている。

　サンプリングの決定は、時には同じ1つの研究においてさえ、異なる目標を追うことがある。1つは、研究している現象においてもっとも典型的な事例、あるいはもっとも発展した事例を研究するよう見つけることである。そこでしばしば、インタビューしたい事柄の長い経験を有する人や、関心を抱いている専門的実践に実際に当てはまる立場にいる人を探す。ほとんどの研究で学生を研究対象として実証的な基礎が与えられている伝統的な心理学とは対照的に、質的研究者は研究課題に「本当に」かかわっているか、それを経験している人に関心がある。そのためわれわれが探すのは、研究したい経験や知識や実践等々の中核事例である。このように、われわれのサンプルは、統計的なやり方においてや、基礎的な母集団における現実を代表させるというしかたとは異なる意味で代表的でなければならない。むしろわれわれのサンプルは、研究したい現象の、研究対象者の経験とその現象とのかかわりにおける適切さを代表することができなければならない。ほとんどの研究では経験とかかわりの多様さに関心があるため、比較的中心的な事例や中核的な事例ばかりではなく、フィールドにおける多様性と研究対象との結びつきの違いも入手しなければならない。このことが要求するのは、研究しているフィールドの端点にある事例、極端な事例、強度の異なる事例などを探すことである。こうしたさまざまな目標を同時に考慮するのはおそらく困難である。たとえば、研究プロジェクトの最初にサンプルの構造を決めて、それを適用する、というようにはいかない。サンプリングの決定をステップ・バイ・ステップで行い、さまざまな目標を1つずつ追いかけてゆくほうがずっと楽である。まず「中核」事例を探し、続いてフィールドにおける多様な事例を探す。これが、質的研究におけるサンプリング戦略がしばしば漸進的選択である理由である（Flick, 2006, chap.11 参照）。これはグラウンデッド・セオリー研究の理論的サンプリングにもっとも顕著に見られる。しかし最近の著作では、理論的サンプリングは、手始めのサンプリングや母集団分布を指向するサンプリングや否定的事例のような他の形

態のサンプリングと、明確に区別されている（Charmaz, 2006, p.100）。マックスウェル（Maxwell, 2005, p.89-90）が強調するように、サンプリングはフィールドにおける異質性を集め、できるだけ多くの比較を可能にするような指向をもたねばならない。もしわれわれのサンプルが余りに似通っているなら、サンプル内で意味のある比較をするのが難しくなるだろう。そしてサンプルが異質すぎるなら、サンプル内に共通する特徴を見つけるのが難しくなるだろう。

リサーチクエスチョン、研究目的、また使われる手法に応じて、サンプリングはいくつかのレベルから見ることができる。まず、人を指向するサンプリングと状況を指向するサンプリングが区別される。第2は、事例のサンプリングと事例間のサンプリングの区別にかかわる。第3は、資料のサンプリングと資料内のサンプリングの区別である。

人びとのサンプリング

質的研究はしばしば人びとや集団に焦点を当てる。慢性疾患を患う人びとにその経験についてインタビューするには、こうした経験をした人たちを探さなければならず、そうした経験を長期間であったり短期間であったり、さまざまな強度でした人、あるいは異なるタイプの慢性疾患を患った人など、たくさんの人たちを探すことになるだろう。もし組織の意思決定についての専門的な知識に関心があるなら、その状況で何が専門的知識であると考えるかを明確にし、誰がこの専門的知識をもつか、組織のどのような立場にそうした専門的知識が位置づけられるだろうかについてよく考えなければならない。それから、おそらく、組織内のさまざまな階層からさまざまな立場の行為者を選び、彼らに専門的知識についてインタビューをすることだろう。この場合サンプリングを決定するにあたっては、特定の専門的な立場や役割が基準となる。

いま述べたような種類のインタビュー研究（Kvale, 2007 も参照）を行う場合、あらかじめ、ないし研究の最初に、誰が疑問に答えるのに適任の人物なのかを知るのが難しいことがある。ほとんどの場合、研究トピックについて情報を与えてくれるもっとも知識のある人たちを見つけるのに関心が向き、そしてさまざまな視点を探し求めることだろう。

「サンプリング」という言葉はしばしば、事例の既知の貯蔵所から「適切な」

事例を選ぶことであり、これを一度になすことが可能であるという考えと結びついている。インタビューを使う場合も、質的研究の実際においては、それはしばしば反復的な過程である。研究のフィールドと向き合っていくと、そのフィールドとそこにいる人たちについての知識が深まっていく。したがって、誰がもっとも知識があり、フィールドにいる他のメンバーや平均的メンバーと比べて誰が異なる観点をもつのかについてさらにわかるようになると、その進展に伴いサンプリングと人物の選択の手続きが変化するだろう。

サイトと出来事を選ぶ

　特定の状況で、人びとが研究課題についてどのようにコミュニケートするのかに関心があるとしよう。たとえば同じ慢性疾患を患う青年たちが仲間集団内で行うコミュニケーションである。この場合、このようなコミュニケーションが生じる状況をサンプリングする必要がある。特定の実践を観察することに関心があるなら、そうした実践が生じると期待できる状況を見つけてサンプリングする必要がある。特に組織における実践に関心があるなら、研究したい実践にアクセスできる、そうした組織内部の状況を見つけて選ばなければならない。たとえば、生徒の学業成績とキャリアについての意思決定を研究することに関心があるなら、さまざまなレベルでの意思決定をサンプリングしなければならない。まずは、研究課題のバリエーションの範囲をカバーしそうな複数の学校（あるいは複数の学校のタイプ）のサンプルを作る。続いてそのフィールドで行為者たちが学業成績について話し、意思決定を用意するための情報を交わし、そして意思決定をする状況が何かを見定める必要がある。たとえば教師たちの毎月あるいは学期末の定例会議のように、意思決定のための公的な枠組みがあるなら、1つかそれ以上の学校でそうした会議をサンプリングすればよい。意思決定がそうした公的な場以外で事実上用意され、なされるなら、関係するステップが進められる状況を見きわめ、こうした状況をサンプルの中に入れるようにしなければならない。意思決定が用意され実行されるしかたを理解するために、教室という状況に行く必要があるかもしれず、そうして生徒にクラスでの成績が伝えられる際の教師と生徒の交渉を分析することになるかもしれない。
　このことは、このような例では、サンプリングの過程がいくつかのステップ

からなることを意味する。サイト（あるいはサイトのタイプ）を選ぶ（われわれの例では、ある学校かいくつかの学校を選ぶ）。続いてこのサイトにおいて研究関心にとって適切な状況を見きわめる（われわれの例では、教師たちの会議）。それから研究のテーマが可視化されるようになる具体的な状況を選ぶよう努める（われわれの例では、生徒たちの成績についての意思決定にかかわる会議）。そして最後に、研究テーマが影響を受ける他のタイプの状況についても明確に取り出す（われわれの例では、教室という状況など）。また、「適切な」状況についての知識、そうした状況の「適切な」バラエティについての知識は、調査が進展するのに従って発展するので、サンプリングの古典的な概念——所与の事例や母集団からサンプルを選ぶ——は、この過程を記述するのに適当ではないだろう。

　サイトと状況の選択は、エスノグラフィーの研究、参与観察の使用（Angrosino, 2007）、また会話分析のようなコミュニケーションの研究（Rapley, 2007）にとって、もっとも大切である。

集団を構成する

　質的研究におけるサンプリングには、人と状況のほかに第三の基準がとられることがある。フォーカスグループ（Barbour, 2007 参照）では、しばしば個々の参加者ではなく、集団が事例として見なされる。その場合、適切な事例を見つけることは、研究している事柄に特別に関係している人たちを含んでいて、しかも人や意見や態度が適切に混成している集団を得るということを意味する。この場合、適当なバラエティを含むとは、研究課題の経験やそれへの態度の全範囲を十分多様にカバーしている集団を得ることを意味する。さまざまな集団、討論の内容、討論の進み方のレベルで比較が可能であり、そうした比較がもっとも実りあるようにするためには、サンプリング段階における適切な集団構成がきわめて重要である。

　しかし、個々人に向けたインタビュー研究のためのサンプリングと選択の結果としても、集団を構成することができる。上述したように、ジェンダーや年齢や職業といった特徴で人を選ぶことがその研究における集団を作り、それが比較のための最初のアプローチとなることがある（ある年齢の人たちの間で、

両性の間で、職業間で)。そのようなサンプリングがその研究における集団を構成し、そして1人の参加者は特定の集団 (若者あるいは高齢者、等) の1メンバーとしても見られる。ここでもこのようなサンプリングの原理は1つの出発点であって、プロジェクトの進行に従い変化するだろう。たとえば研究している慢性疾患の経験に違いをもたらすのは、ジェンダーではなくソーシャルサポートであるとわかった場合である。そのような場合、たとえばジェンダーの問題より慢性疾患におけるサポート経験の類型を作ることに、しだいに比較の焦点が当てられていくだろう。研究における選択と比較は常に、暗黙的ないしは明示的な集団の構成の上になされる。そうは言っても、特定の事例はそれ以外の諸事例と比較される。このとき、一方にそれ以外の事例の集団があり、1つの、あるいは異なる事例が第二の集団となる。

　最後に、観察とエスノグラフィー研究 (Angrosino, 2007 参照) をして、研究課題にとって適切な社会集団が見出された場合に、サンプリングにおける集団を構成する。たとえばドイツのある都市におけるホームレス青年の慢性疾患に関する研究では、私たちは市内で生活するための一定の居住地がない青年たちがたむろしている特定の地点を選んだ。この地点にいたある慢性疾患 (この集団における実にさまざまな疾患の1つ) をもつ特定の年齢層の集団 (14～25歳) の人たちを選択するにあたり、どちらかというとそれぞれが集団内の他の人たち、ないしは多くを占める人たちとは独自な存在であると見なしている人たちから、私たちは集団を構成した。特定のコミュニティないし文化をもつ者たちとして彼らを観察するためにこうした人たちの組み合わせを取り出すに当たって、自身や調査における他の人たちを必ずしもその集団のメンバーとしては経験していない人たちから集団を構成した。

コーパスを作る

　質的研究を人びとや集団に質問したり観察したりすることを超えて行うとなると、サンプリングの論理も異なるものとなる。文書 (Rapley, 2007) であれ写真・映像 (Banks, 2007) であれ、研究でデータとしてドキュメントに取り組む場合には、しばしば、そのようなドキュメントの集合体、つまり資料のアーカイヴやコーパス*を用意することになる。そのような場合、何らかの手法を

適用してデータを生み出すために人や状況を選ぶことはないが、すでにある資料を手にして、それらを分析するために選ぶことになる。したがって順序が逆になる。まず選択、次に手法、続いて資料、続いて再び手法ではなく、まず資料、次に選択、続いて手法の使用となる。[訳注] コーパスはたとえば、もともとはスーパービジョンのために記録された医師－患者のやり取りのビデオ集であったり、病院で日常業務として作成された大量のカルテであったりする。ここでのサンプリングは、リサーチクエスチョンに答える適切なドキュメント事例を発見することに強く基づいている。また、このコーパスは、分析が開始されたある時点で用意されても、分析の途中、ある時点で資料や分析に穴が見つかって作り直されることがある。

事例内、資料内のサンプリング

　質的研究におけるサンプリングはさまざまなことを意味している。データを集めるために人や集団やサイトや状況を選ぶことだったり、分析のためのデータを用意するためにコーパスを作ることだったりする。これらのそれぞれで、事例や資料をサンプリングするのは第一段階にすぎない。サンプリングの過程にはまだ続きがある。膨大な回答やインタビューの長いライフヒストリーから、研究課題に直接かかわっている陳述や適切なものをサンプリングすることだろう。ドキュメントにおいては、リサーチクエスチョンに答える適切な文章、さまざまなドキュメントを比較できる文章をサンプリングしなければならない。したがって質的研究におけるサンプリングとは、事例や資料のサンプリングだけを意味するのではなく、事例や資料**内**のサンプリングも意味するのである。ときにはより詳しく調べるために、たとえばインタビュイーたちのサンプルから特定の事例や例を選ばなければならないこともある。研究資金を申し込むにあたって、私たちは、いったん選択し、インタビューし、分析しようと計

[訳注] 多くの場合、たとえばまずインタビュイーの選択、次にインタビューという手法の選択、続いて分析のための資料ができ、それを分析する、という順序であるが、ここでは逆に、たとえばまず新聞記事の資料がすでにあり、次に分析のための資料を選択し、続いて分析手法を使う、という順序になる。

画している仮説的なインタビュイーのサンプルを用意したが、レヴュアーと財団は、研究参加者を私たちが考えていた2倍にし、もっとも見込みのある事例を取り上げてインタビューの文字化と分析をするよう勧めたのだった。これは、インタビュー後に、いったん廃棄した資料から第二のサンプリングの決定をしなければならないことを意味した。

しかし、レポートや論文で知見を発表する計画を立てたときも、まだサンプリングは続く。出版媒体のスペースにも読者が読める量にも限りがあるから、研究の中からもっとも説明に役立ち、確証を与え、説得力があり、場合によっては論争的なサンプルを引き出すことになるだろう（Flick, 2006, chap.6 も参照）。

要するにサンプリングは、潜在的には無限の研究資料や事例を、扱いやすく、同時に適正な選択となるようにするステップであり、質的研究のデザインにおいて避けることのできないステップなのである。ご都合主義的なサンプリングは避けるべきであり、また意図も形式もないサンプリングと選択は控えるべきである。同時にルビンとルビン（Rubin & Rubin, 1995）のような著者たちが示唆するように、質的研究におけるサンプリングは反復的で柔軟であるべきである。これは、フィールドの状態とデータ収集からの新たな洞察に適応する用意ができていなければならず、最初のサンプリング計画の変更が示唆されるかもしれない、ということを意味する。

しかしながら、サンプリング計画の立案は常に理論に導かれており（Denzin, 1989, p.73）、時には意図と理論的関心によって導かれる理論的努力でもある。フィールドとの関係、人や状況や資料へのアクセスが、理想的な場合にサンプリングに要求されるものを含めることができるかどうかを決めるだろう。

4章の最後にサンプル構成の例を挙げる。そこではサンプル構成におけるサンプリングの決定を含めて、研究デザインの例を概説する。

アクセスを明確化することと必要な承諾

研究を計画している時期に、実証的な調査を行いたいフィールドへのアクセスを見つけるのは重要である。調べたい経験が起こるフィールド、アクセスし

たい人たちに会えるフィールドがどこかを見きわめることが、ここでもっとも重要なステップとなる場合がある。たとえば、ドイツにおけるホームレス青年たちの健康観についての私たちのプロジェクト（Flick & Röhnsch, 2007）では、そうした環境で暮らしている人たちにどこで会えるのか、彼らがたむろし、仲間と会い、制度的な援助を求めるのはどこかを見つけるのが重要なステップだった。その次のきわめて重要なステップは、青年たちから話しかけることができる人として受け入れられること、ストリートの日常生活に加えてもらえることだった。こうしてインタビューと観察が可能となったのである。

　組織内で行う研究では、研究に同意し、実証的研究をするために研究者を迎え入れる決定をするのは誰かを見つける必要があり、それに時間がかかることがある。たとえば学校や病院では、インタビュイーへのアプローチが許される前に、いくつかの制度上のレベルがかかわることがよくある。どの調査の公的承諾が誰によって得られるのかも、明確にされないといけない。組織内の審査委員会や倫理委員会がかかわることが避けられない場合は（7章参照）、時に複雑な過程であり、十分早くから始めなければならず、時にはプロジェクトの初期段階では困難な方法論的・理論的な明確化が要求される。最後に、研究参加者との関係において、どのような種類の公式化をするかについてよくよく考えなければならない。匿名性とデータ保護の技術的詳細に関して、インタビュー契約を結ぶのは必要かつ可能で望ましいだろうか？　調査への参加についてのインフォームド・コンセント*の書式は、参加者に公式に求めることができるものになっているだろうか？　もしそうでないなら、他の誰がインフォームド・コンセントを与えてくれるのだろうか？　等々（詳しくは Flick, 2006, chap.6 参照）。

　フィールドや組織や人へのアクセスを見つけることは、困難で長い過程であることがある。ウォルフ（Wolff, 2004）は、たとえばアクセスをより困難にし、研究者と調査一般を組織から閉め出しておくために使われる、フィールドで出会うかもしれない問題と戦略について述べている。この分析が示しているのは、アクセスを見つけることはフィールドとの接触の始まりにおけるたんなる1ステップでも、プロジェクトについてのチラシを用意すればよいというように公式化できるものでもないということである。それはむしろ、いくつかのステップを経てなされる交渉であり、フィールドからの免疫反応に遭遇し（「侵入し

てくる」調査を送り返そうとする)、フィールドと研究者との個人的な信頼に基づくものであり、フィールドと適切な人たちへの扉を開けるゲートキーパー*を見つけ、そしてフィールドに期待しているものについてはっきりさせることなのである。

　こういう文脈において、フィールドにおいて、そして想定される参加者たちと、インフォームド・コンセント——継続中の調査の一部であることと、どのような形の参加にもノーと言う権利と機会をもっていることを誰もが知っている——の基礎が用意されることが重要なのである (7章参照)。

　本章の2つの課題はどちらも、質的研究のための研究デザインを作るという一般的なトピックの一部である。サンプリングは研究デザインの作成において重要な1ステップであり (4章も参照)、アクセスを見つけることは、このデザインで公式化された研究計画が具体的な研究実践においてどれだけうまくいくかを決めるのである。

キーポイント

- 質的研究におけるサンプリングはしばしば、標準化された研究におけるサンプリングとは異なる論理に従う。
- それは、どの事例と資料が選択されるかについての、何らかの根拠に基づいて方向づけられねばならない。
- サンプリングは、リサーチクエスチョンと適用する手法に基づいて、さまざまなレベル (サイト、人びと、出来事など) で取り組まれる。
- サンプリングは事例と資料を選ぶことを意味するだけでなく、事例内、資料内でサンプルを得ることも意味する (たとえば、特定の発言や特定の部分)。
- フィールドや人びとへのアクセスを明確にし、それを見つけることは慎重に計画されねばならないが、時にそれは困難な過程であることがある。

さらに学ぶために

　以下の著作では、サンプリングの諸問題が特定の手法との関連で、あるいは一般的に、より詳しく述べられている。ウォルフ (Wolff, 2004) はアクセスにおける諸問題について要約し、可能な解決策を考察している。

Angrosino, M. (2007) *Doing Ethnographic and Observational Research* (Book 3 of The SAGE Qualitative Research Kit). London: Sage.［アングロシーノ／柴山真琴（訳）(2016)『質的研究のためのエスノグラフィーと観察』（SAGE 質的研究キット3）新曜社］

Barbour, R. (2007) *Doing Focus Groups* (Book 4 of The SAGE Qualitative Research Kit). London: Sage.［バーバー／大橋靖史他（監訳）（準備中）『質的研究のためのフォーカスグループ』（SAGE 質的研究キット4）新曜社］

Kvale, S. (2007) *Doing Interviews* (Book 2 of The SAGE Qualitative Research Kit). London: Sage.［クヴァール／能智正博・徳田治子（訳）(2016)『質的研究のための「インター・ビュー」』（SAGE 質的研究キット2）新曜社］

Merkens, H. (2004) 'Selection procedures, sampling, case construction', In U. Flick, E. von Kardorff & I. Steinke (Eds.), *A Companion to Qualitative Research*, London: Sage, pp.165-71.

Rapley, T. (2007) *Doing Conversation, Discourse and Document Analysis* (Book 7 of The SAGE Qualitative Research Kit). London: Sage.［ラプリー／大橋靖史（訳）（準備中）『会話分析・ディスコース分析・資料分析』（SAGE 質的研究キット7）新曜社］

Rubin, H. J. & Rubin, I. S. (1995) *Qualitative Interviewing*. Thousand Oaks, CA: Sage (2nd ed. 2005).

Wolff, S. (2004) 'Ways into the field and their variants', In U. Flick, E. von Kardorff & I. Steinke (Eds.), *A Companion to Qualitative Research*, London: Sage, pp.195-202.

訳者補遺

　サンプリングとフィールドの選択については

佐藤郁哉 (2015)『社会調査の考え方　上・下』東京大学出版会、の8章（上巻）

　アクセスについては

小田博志 (2010)『エスノグラフィー入門──〈現場〉を質的研究する』春秋社、の6章

佐藤郁哉 (2002)『フィールドワークの技法』新曜社、の2章

4章　質的研究のデザイン

質的研究における研究デザイン
デザインに影響するものとデザインの構成要素
研究デザインの構成要素
質的研究の基本的デザインを使う
質的研究のデザインの実例
良い質的研究のデザインを特徴づけるものは何か？

この章の目標

- 質的研究における研究デザインの役割がわかる。
- デザインを作成するのに影響を与えるものと、デザインを構成する要素について知る。
- 使うことのできる基本的なデザインを知る。
- 質的研究における良いデザインと悪いデザインを特徴づけるものは何かを、実例から理解する。

質的研究における研究デザイン

「研究デザイン」という用語は、それが研究の計画と、結果の質の保証の重要な道具になっている量的研究と比べると、質的研究ではそれほど一般的ではない。そうした理解に基づいて、「研究デザイン」をレイジンは次のように定義している。

> 研究デザインとは、研究者が提起した問いに答えることを可能にする、証拠の収集と分析のための計画である。1つの研究についてのデザインは、データ収集の細部からデータ分析の技法の選択まで、研究のほぼすべての側面に及ぶ。(Ragin, 1994, p.191)

質的研究においてこうした面がほとんど重要とされていないため、マイルズとヒューバーマンはわざわざ、「あなたが聞いたかもしれないこととは反対に、質的研究のデザインは存在するのである」(Miles & Huberman, 1994, p.16) と指摘している。しかし、少しでも文献を調べてみるなら、質的研究における研究デザインの理解にはいくつか違いがあることがわかる。ベッカーら (Becker et al., 1961) は、質的研究における「研究デザイン」という言葉の、ある意味まったく典型的な理解を示している。彼らの研究についての著作に「研究デザイン」についての1章があるにもかかわらず、彼らはこう述べることからその章を始めている。

> ある意味で、われわれの研究にはデザインがなかった。つまり、注意深く立てられた、検証されるべき仮説一式がなかったし、仮説に関係する情報を確保するために意図してデザインされた、データ収集用の道具もなかった。また、あらかじめ明示された分析用の手続きもなかった。「デザイン」の語がこうした念入りな事前の計画を意味する限り、われわれの研究にはそのようなものはなかった。もしわれわれがデザインの概念をもっと大まかで緩い意味で考え、われわれの手続きが実際に示したような、秩序、システム、一貫性の諸要素を指し示すためにこの語を使うのであれば、われわれの研究にはデザインがあった。それは何であったのかは、われわれの問題へのオリジナルな見方と、理論的かつ方法論的取り組み、そして研究が進む中でそれらがわれわれの研究にどう影響し、また研究にどう影響されたのかを記述することで言うことができる。(Becker et al., 1961, p.17)

ハマーズリーとアトキンソンも同様に、「研究デザインは、プロジェクトのあらゆる段階で働く省察的な（リフレキシヴな）過程でなければならない」(Hammersley & Atkinson, 1995, p.24) と主張している。

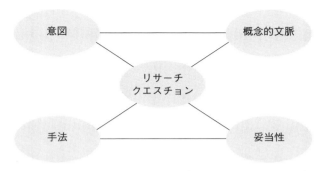

図 4-1　研究デザインの双方向モデル（Maxwell, 2005, p.5）

したがって、少なくとも量的研究と比べて、いまのところ質的研究における研究デザインの、多少ともあいまいな概念があるようだとも言えそうだ。時には、デザインの語が、2つの非常に特殊なやり方で使われる場合がある（たとえば Creswell, 1998）。一方でデザインは、質的研究の方法ないし伝統の1つを選ぶこと（クレスウェルが取り上げている5つの伝統から）と大きく関係している。他方では、研究についての議論の中でクレスウェルは、（上の意味で）研究をデザインすることと、研究について書くことをデザインすること（開始時の計画書や最終的な報告書）の間を絶えず揺れ動いている（Creswell, 2003）。また、研究デザインがいくつかの構成要素を含むものとして述べられる場合がある。マックスウェル（Maxwell, 2005, p.5）は、意図、概念的文脈、手法、妥当性*を、中心的要素（リサーチクエスチョン）の回りに集まるような構成要素として考えている。彼の「研究デザインの相互作用モデル」では、「デザイン」という言葉自体は示されていない（図 4-1 参照）。

この文脈で必要と思われるのは、上述したさまざまなアプローチを考慮に入れ、かつ量的研究からお馴染みのこの語の理解にこだわりすぎずに質的研究を計画し実現するための方向づけを与える、質的研究のための研究デザインの概念を発展させることである（Flick, 2004a 参照）。

デザインに影響するものとデザインの構成要素

2章でわれわれは、質的研究に先立つ準備作業と計画の問題に焦点を当てた。

4章　質的研究のデザイン　｜　51

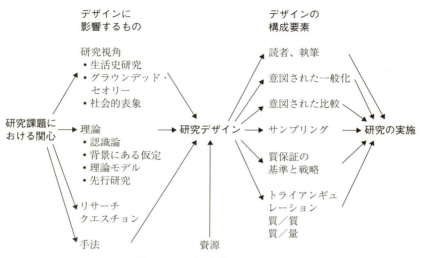

図 4-2　研究デザインの構築

そこでは、実証的で、かつ質的な研究を概念化することにかかわる、いくつかの形の理論的知識に言及した。また、研究課題にアプローチする際に研究者は特定の研究視角をとるのが通常であるということ、研究者は実証的作業を始める前にリサーチクエスチョンを発展させねばならないことを述べた。手法の選択についてと、手法は研究されるものとそれへのアクセスのしかたに大きく影響するという事実については、簡単に述べたにすぎない。この点については後でふれるつもりである（8章〜10章参照）。研究を行うための、利用可能で必要な資源についても同様である（5章参照）。こうした諸側面はすべて、研究がどのように計画され、最終的にどのように行われるかに大きく影響すると考えられる。それらは研究のために開発された研究デザインの計画と実行に具体的な形を与える影響力として見なせる。「研究デザイン」と称されているものはそうした影響する諸々のものの全体であるが、計画され実行される研究プロジェクトの具体的な諸ステップに直接インパクトを与える。ここで述べた影響する諸々が、質的研究の暗黙のデザインを作り上げる。この暗黙のデザインのもつインパクトと、それらを具体的な言葉に変えるしかたが、暗黙のデザインを、いくつかの構成要素からなる明示的なものに変える。こうした構成要素の

関連が図 4-2 に視覚的に示されているが、本章と本書の残りの部分でさらに詳細に展開しよう。

研究デザインの構成要素

　研究デザインを作るにはいくつかの構成要素が含まれるが、それらは、上述した各種影響力の何らかの結果である。これらの構成要素はリサーチクエスチョンを作ったことの結果でなければならず、そうすればリサーチクエスチョンから生まれる研究計画はうまく行くはずである。

サンプリング
　あらゆる研究デザインの中心にあるのは、サンプリングである。このステップで研究者は、どの資料、どの事例、どの人たちや集団について研究するかを決めるだけではない。それは、研究がどのような潜在的比較可能性をもつかを決めることでもある（詳しくは、3 章および Merkens, 2004 参照）。

意図された比較
　どの研究デザインでも重要な構成要素となるのは、意図された比較である。つまり、比較を意図しているのはどの次元やレベルか？　その研究は、特定の集団（あるいは状況）同士を互いに比較することに関心があるのか？　そのような研究では、それぞれの集団の事例を含めるだけでなく、相違（あるいは類似）が集団に特異的なのか事例に特異的なのかを判断することができるように、それぞれの集団に十分な事例を含めることが必要である。さらに、そうした集団比較デザインでは、集団にどのようにして多様性を含めるかも考慮しなければならない。
　比較は、事例を全体として扱うのか、それとも事例のある次元を扱うのかにも関係する。たとえば、異なる文化の比較を行う場合である。そのような研究では、違いを文化差に結びつけることができるように、多少とも多くの次元で比較可能な事例をサンプルに含めることが必要であろう。ドイツとポルトガルにおける女性の健康概念についての研究では、私たちは、健康概念の文化差を示す指標があるかどうかを知りたいという関心から始めた。したがって私たち

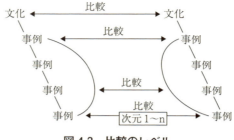

図 4-3　比較のレベル

は両文化からインタビュー協力者を選び、（多少厳密なやり方で）ペアとなる事例を探した。インタビュイーの健康概念の文化差を見出せるように、事例の他の条件についてはできるだけ一定になるようにした。したがって研究に含めたのは、違いを「文化」という比較次元に結びつけることができるように、できるだけ多くの点でかなり似た条件（大都市に居住し、職業、収入、教育水準が同等）で暮らしている女性たちでなければならなかった（Flick, 2000a）。この研究は、限定された下位集団の事例数で行われた、探索的なものだった。またそれは、比較デザインで行われた。つまり、2つの女性集団は、健康観と病気観という特定の特徴で比較されたのである。

　この研究例では、デザインを適切に組織したなら、別のレベルでの比較が可能であったし、計画できたはずである（図4-3参照）。

- 図4-3のもっとも下のレベルから始めて、1つ（かそれ以上）の次元（1～n）で事例同士を比べることができただろう。比較はそれぞれの（文化）集団からの事例で計画することができる。たとえば、それぞれのインタビュイーの健康の定義を比較できる。この例における事例は、人である。このような1つの次元での比較を、1集団内における事例にも適用することができる。
- 第二のレベルでは、事例を事例として比較することができただろう（1つの次元に縮小することなく）。これは集団内でも集団間でもできる。
- 第三のレベルでは、集団内の事例間で比較し、それから両集団で同じことをし、最後に内部比較のため、この集団の結果を比較することができる。

- 第四のレベルでは、文脈のレベルでの比較、この例では文化での比較、をすることができただろう。ある文化的背景または他の文化的背景からくる事例や、回答における違いを探すのである。

1つの研究で同時にこれらすべての比較を計画するのは意味がない。むしろ、どのレベルの比較に取り組みたいのかについてよく考え、それに従って研究デザインを計画すべきである。これはサンプリングのステップに密接にかかわっているが、それだけでなく、データ収集の計画のしかたにもかかわる（特定の次元のレベルで結論を引き出すことができるためにはどのような質問をすればよいのか、文化比較をするためにはどのような事例を「典型的な」事例として選べばよいのか、等）。比較はしばしば、事例（あるいは出来事）を互いに対比させることに基づいて行われる。ここで比較に何らかの構造を与える実り多いやり方と思われるのが、最小対比（minimal contrast）と最大対比（maximal contrast）の適用である。この戦略では、どの事例がもっとも似ているか、あるいはもっとも異なると期待されるかについて仮定を立てる。最小対比は、そのフィールドにおけるバリエーションの中核となるものを見つけることができるように、もっとも似ている諸事例における類似性を探す。最大対比は、そのフィールドにおける多様性を見つけることができるように、もっとも異なる諸事例間の違いを分析することに関心がある。もちろん両戦略で相違点と類似性の両方を追求してもよいが、主たる焦点はそれぞれの戦略で異なる。この種の比較の意図は一般化の問題に答えることよりも、分析するデータの理解、データにおける構造の理解をより体系的に行うことにある。どの形の比較を選ぶべきかは、使用する手法と共に、リサーチクエスチョンと認識論的・理論的背景より生じる研究デザインしだいである。

意図された一般化

研究を構成する上で重要な役割を演じるもう1つの問題は、一般化*を意図するレベルである。質的研究は一般化の問題と特段に強い結びつきをもたないことも多い。リンカンとグーバは、「一般化できる唯一のことは、一般化が存在しないということだ」（Lincoln & Guba, 1985, p.110）とさえ考えている。しかし、どのような形の研究も、一般化の主張から始まる。1事例研究でさえ、

何かの言明をし、結論を導き、あるいはデータを収集した直接的な状況を超えた状況にも当てはまる知見で終えることができることを前提としている。たとえ研究状況以外の当該事例での生活に適用できるだけだとしても、そうである。一方、統計的一般化は質的研究が与えるものではないし、そういう主張をするものでもない。したがって、一般化の異なる形態を区別するのが有益と思われる。たとえばマックスウェルは、「内的」一般化と「外的」一般化を区別している。「内的一般化*は研究した状況内、あるいは集団内での結論の一般化を意味し、これに対して外的一般化*はそうした状況や集団を超えた一般化を意味する」(Maxwell, 2005, p.115)。

1つ目はどの質的研究にも当てはまる主張であるが、2つ目はまったく違う説明であって、デザイン構築にかかわる問題である。ここでもまた、一般化のさまざまな目標を区別することができる（Flick, 2006, chap.12 参照）。通常質的研究は、数量的な一般化よりも理論的な一般化を目標にしている。グラウンデッド・セオリーの展開を例にとると、グレイザーとストラウス（Glaser & Strauss, 1967）のアウェアネス文脈の理論のケースのように、特定のフィールドに適用される具体理論*（substantive theory）や、さまざまなフィールドに適用される形成理論*（formative theory）を得ることがその主張である。この理論は最初、ある特定の現象（病院での臨死患者についてのコミュニケーション）を説明するために作られ、後に類似する他のタイプの現象（たとえば中古車の売買におけるコミュニケーション）に拡張された。具体理論と形成理論というこの2つのタイプの理論は、理論的レベルで可能な2つの形の一般化である。研究デザインを計画するに当たって、どのような一般化の主張をしようとしているのか、それが研究計画にどう影響するのかを考えなければならない。他方で、研究においてどの形の一般性に達したいのかについて慎重に吟味し、それから研究のサンプルによって代表される可能な次元の範囲を限定するよう努めなければならない。ジェンダー、年齢、町や田舎や都市のような生活環境等に基づく比較が本当に必要だろうか？　明確な一般化の主張のために適当な次元を、限定することができるだろうか？

質の問題

量的研究では、研究デザインは、主として研究状況の標準化*によって質を

保証することと強く結びついている。そこでの戦略は、研究状況に影響するもの、研究している問題の呈示に影響するものをできるだけコントロールすることである。これが妥当性＊、信頼性＊、客観性＊を保証し、増大させる方法である（Flick, 2007 も参照）。質的研究では、こうした基準も標準化も、コンセンサスを得た課題となっていないし、研究計画における標準ですらない。しかしそれにもかかわらず、コントロールの問題と限定された標準化が重要になることがある。比較について述べた際、観察された違いを特定の特徴（上述の例では文化的背景）と結びつけることができるためには、それぞれの事例におけるいくつかの特徴を同じ条件に保つ必要があることを述べた。多くのプロジェクトでは、いくつかの方法論上の特徴が一定に保たれている。たとえば半構造化インタビューを用いる際には、インタビュー・ガイドの開発が含まれており、そのガイドがそれぞれのインタビューでほぼ同じように適用される。しばしば、必要な自由度の程度についても強く焦点が当てられるが、それを一定にして用いることは、比較の観点からデータを分析するのに役立つと期待される。手法を一定のしかたで用いるなら、データが生み出される研究状況の類似性を増大させるだろう。そのためデータにおける違いはデータ収集の状況における違いよりも、インタビュイーの違い（たとえば何かへの態度）に帰することができるだろう。そのような研究事例では、デザインは比較的高度なコントロールと標準化を含んでいる。マイルズとヒューバーマン（Miles & Huberman, 1994）ならこれを、質的研究におけるよりタイトなデザインと考えるだろう。リサーチクエスチョンは狭く、サンプリングはデータ収集の条件と同じように、よりかっちりとしたものになる。これと対置されるのがルーズなデザインで、これら3つの特徴（リサーチクエスチョン、サンプリング、データ収集）がよりオープンで柔軟に用いられる。質の問題が研究デザインにおけるこうしたタイトさに結びついているとすれば、それは研究デザインを作り、研究を計画するに当たって重要になる（詳細は6章およびFlick, 2007 参照）。

読者と執筆

研究デザインを作成するにあたり、研究とその成果を届ける読者＊は誰なのかをよく考えなければならない。もしそれが、たとえば博士号のような学術資格として研究成果を承認する、大学の学位授与委員会のようなアカデミックな

読者なら、研究計画の立案、プロジェクトの実施、それに成果は、良質の科学的実践の基準を満たすように提示されねばならない。これは、研究計画の立案に実際的なレベルで影響を与えることがあるが（たとえば、研究にはどれほどの人数の参加者が期待されるか）、その研究についての書き方にも影響を与え、科学的な厳密さの基準と期待を満たさなければならない。

　それと異なるのが、実践家の読者へ研究を届ける場合で、読者は研究成果が実践に示唆するものにより関心があり、その成果をもたらした科学的な厳密さの詳細にはあまり関心がないかもしれない。もしその研究が、政治的決定や行政上の決定の促進や支持や、それらへの全体的な影響を目指しているなら、明快にすること、科学的な複雑さを減らすことが、読者に読まれるためには非常に重要である。そこで時には、方法論的に簡略化しても信頼の置ける結果に達する戦略が、研究計画の立案において微細な方法論を練ることより重要となる。

　これは読者と執筆が研究計画の立案に大きな影響を与え、それゆえ研究デザインの構成要素となることを示す例である。

トライアンギュレーション

　多くの研究課題で、1つの方法論的アプローチでは不十分なことに気づき、それゆえ1つ以上の方法を使うデザインに拡張することがある。一般に、この問題は、質的研究の質を向上させることに焦点を当てたトライアンギュレーションとして考察することができる（Flick, 2007 参照）。しかしこのアプローチは、研究で得たい知識を広げるために使うこともできる。研究デザインを作成する際、これは実践的なレベルでさまざまな示唆を与えるだろう。トライアンギュレーションを用いる研究では、異なるサンプリングの論理に直面することがある。たとえば、インタビューする人たちのサンプリングと観察する状況のサンプリングである。またトライアンギュレーションは研究における比較の新しい方法を提供したり、そのような比較を計画する新たな必要性をもたらしたりもする（詳細は Flick, 2007, chap.6 参照）。そしておそらくもっとも重要な点は、トライアンギュレーションは研究に必要な資源と密接にかかわるということである（このトピックについて詳しくは、5章参照）。これらはみな、複数の質的手法を含む質的研究デザインを作成する際に、実際的な問題になる。

　最後に、最近の潮流は1つのデザインの中に質的手法と量的手法を混合させ

る傾向にある（詳しくは、Tashakkori & Teddlie, 2003a および Flick, 2007 参照）。このことは、研究デザインを別のさまざまなしかたで作成することにかかわっている。両アプローチを1つのデザインの中でどのように統合するかという問題は、一般にまだ十分答えられていない。特に、質的アプローチがそのようなデザインの中で重要なものとされ、決して従属的なものでも周辺的なものでもない場合、研究デザインの他の構成要素に影響を与えないではいられない。質的研究のための限られた数のランダムなサンプルで終わらず、この部分でもサンプリングを適切に行うようにするには、どのようにサンプリングを組織化するか。研究の質は、たんに「量的な論理」に基づいて査定されるわけではない、ということをどのようにして確かなものにするか。単純に、実用的な観点から方法を混合して用いればよいのか、それともトライアンギュレーションのアプローチにおけるのと同じように、理論的、方法論的、概念的レベルで、研究視角をもっと洗練、熟考して結合する必要があるだろうか？　これらは、質的研究と量的研究を結びつけるというより一般的なアプローチと問題を、（質的）研究のデザインのレベルで変容させる問いである。

焦点を限定する

　質的研究に止まらないが、良い研究デザインがみなもっている大きな特徴の1つは、計画された研究の焦点を限定する潜在力である。良い研究デザインは、複雑な研究課題とこれに含まれる広大な関心事を、（常に）制限されている時間内に、（常に）限界のある資源で扱うことのできるものに、そして適切なアプローチと結果を導くことのできるものに、分解するための必須条件である。研究デザイン作りがうまく行くということは、誰が、あるいは何が研究されるべきか（そして研究されないべきか）、適切な比較の次元は何か、などを定義するということである。

質的研究の基本的デザインを使う

　質的研究においては、デザインの問題は研究者が自身の研究にどの基本的デザインを選ぶかと結びついている（Creswell, 1998、または Flick, 2006, chap.12 参照）。一般に研究デザインの議論において（たとえば Bryman, 2004）、2つの

基本的区別がある。1つは横断的研究と縦断的研究*の間であり、もう1つは比較研究と事例研究の間である。この2つの区別の要素を組み合わせることも可能だし、よくあることである。横断的研究と縦断的研究の区別は、フィールドとの接触の数に基づく。横断的研究では、多数の事例の比較がほとんど一度になされるが、縦断的研究はそのフィールドに2回かそれ以上戻り、そのフィールドと研究課題の展開と変化を見るために同じデータ収集を再度行う。これを質的研究にもってくるのは問題ないが、質的研究における本当の縦断的研究はむしろ例外的である。「本当の」縦断的研究とは、研究するプロセスが始まるときに研究を開始し、データ収集のためにそのプロセスに繰り返し戻ってくることを意味する。たとえば、長期にわたって同じ人たちに繰り返しインタビューするというように。質的方法を用いたそのような縦断的研究の例がいくつかあるが（Thomson et al., 2003. の特集参照）、多くの場合、質的研究の縦断的視角はこれとは異なっている。前方的な縦断的研究の代わりに、たとえばナラティヴ研究や個人史研究に見られるような、展開やプロセスを振り返る遡及的視角がしばしばとられる。もう1つは、時間に伴う展開を見るために、そのフィールドに長期にわたって参加する観察研究ないしエスノグラフィー研究である。ブライマン（Bryman, 2004, p.41）による横断的研究の定義では、横断的研究は比較研究の視角と強く結びついている。質的研究では、縦断的視角や遡及的視角をとらず、一時点を指向する研究もある。したがって私は、時間志向の研究と区別するために、横断的研究よりも「スナップショット」という用語を選びたい（図4-4参照）。

　質的研究の基本的デザインにおいて、事例研究と比較研究の区別をすることもできる。前者は、事例とその範囲をどう定めるかが重要である。まずはリサーチクエスチョンがこれに答えるだろう。しかし、何が事例なのかについては、非常に広範な概念化があることがわかる（Ragin & Becker, 1992 中の諸論文を参照）。

　事例を研究する場合、研究のトピックとリサーチクエスチョンしだいで、事例と見なすのは人だったり、その人の家族のような制度だったり、その人が働いている組織だったり、その人が暮らしているコミュニティだったり、その人が経験する出来事だったりする。これらの例が意味するのは、事例研究における「事例」とは、必ずしも人とは限らないことである。事例として人を取り上

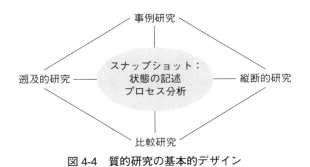

図 4-4　質的研究の基本的デザイン

げる場合、いま述べた単位のうちのどれが、その事例を理解するのに適切かについて考えることができる。学校をドロップアウトした生徒の事例の研究では、家族全体を含める必要があるであろうし、おそらくその学校を含める必要もある。

　比較研究でもっとも重要な問題は、比較の次元を定義することと、どのようにして事例の文脈を考慮に入れるかである（上述を参照）。

　ここまで考察した質的研究のさまざまな基本的デザインを、時間の軸（遡及的研究からスナップショット研究、縦断的研究）と事例研究 対 比較研究の軸という、2つの軸に沿って関連づけることができる（図 4-4 参照）。研究の実際においては、両次元の組み合わせを見ることがある。たとえば、遡及的事例研究があるし、比較的視角をもつ遡及的研究もある。

質的研究のデザインの実例

　研究デザインがどのように展開され、その過程でどのような決定がなされるのかを示すために、デザインのいくつかの実例をこれから概略しよう。

専門職従事者のもつ健康概念

　この例では、かなり包括的で複雑な研究関心（新公衆衛生に由来する諸新概念の専門的実践への適切さ）と研究視角（健康と病気の社会的表現。2章の図 2-1 参照）を、どのようにして比較的焦点化された研究デザイン（図 4-5 参照）に変えることができたかを示したいと思う。このデザインの作成を導いた重要

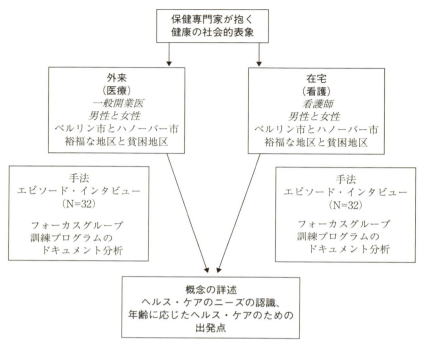

図 4-5　研究デザイン —— 専門家の健康概念

な決定は何だったのか？

　最初の決定は、比較研究をするということだった。この例では2つの専門職集団を含めることだった。第二の決定は、保健システムと日常生活の境界にいて、そのため専門的サポートの具体的なニーズを多少とも感じている人にとってのゲートキーパー的な位置にいる専門職集団を研究に含めることだった。第三の決定は、医療の専門職と非医療分野の専門職を含めることだった。これら3つの決定はみな、医療側ではそのゲートキーパー的機能のため一般開業医を選択し、健康問題をもつ高齢者の私的生活と施設生活の境目で働いているホームケア・ナースを選択することに導いた。最後に、私たちは似た社会構造をもつドイツの2つの都市を選ぶ決定をした。われわれの例では、ベルリンとハノーバーである。どちらの都市でも、恵まれた地域と社会的弱者*のいる地域で働く専門職従事者に私たちは関心を抱いた。さらに、1つの専門職（看護

師）は伝統的に女性の職業であり、もう一方（医師）は男性が多くを占めるので、両専門職集団に男性と女性の参加者を含めることにした。こうした決定から、それぞれの都市と専門職ごとに 16 名の参加者からなる下位グループを構成し、それぞれの職業で 32 名ずつ、それぞれの都市で 32 名ずつ、男女半々のつごう 64 名にインタビューを行った。インタビューの専門的実践における展開を見たかったので、現場で最低 5 年間働いている参加者を探した。

　このようなサンプリングの決定に加えて、私たちは 2、3 の方法論的アプローチを組み合わせた。主なアプローチは、参加者のそれぞれの実践での経験に、よりナラティヴで概念的なアプローチをするために、エピソード・インタビュー（Flick, 2000b, 2007）を用いた。これはプロジェクトの終わり頃にフォーカスグループ（Barbour, 2007 参照）によってトライアンギュレートしたが、これを行うために、この研究の別段階に参加してもよいというインタビューをリクルートした（トライアンギュレーションについては Flick, 2007 に詳しい）。この第二段階の目的は、参加者にインタビューの結果とその分析のフィードバックをし、このフィードバックについて討論を引き起こし、それを最終的な分析のための第二のデータにすることだった。第三の方法論的アプローチは、インタビューとフォーカスグループで研究した問題の表現について、ドキュメントを分析することだった。研究に含めたドキュメントは、参加者たちがその専門職訓練を経験した期間に使用した両専門職の訓練プログラムのカリキュラムである。

　このプロジェクトは 2 年間の資金提供を受けた。この資金提供により、2 人のフルタイムの研究者と、2 人の学生研究者を雇うことができた。

　この例では、研究デザインは、サンプリングの決定（誰にインタビューするか）、サイトの選定（2 つの専門職フィールド、高いステイタスの地域と低い地域という異なる社会環境の 2 地域）、各下位グループの比較のための特徴（ジェンダー、職業経験）に基づいていた。しかし、一般化の主張は限定的だった。このサンプルを、開業医一般、看護師一般を代表するものと見なす意図はなかった。ある意味、この研究は、ある概念とトピックが、選択したフィールドと参加者の実践に取り入れられていくしかたを探索しようとした事例研究と考えることができる。

ホームレス青年の健康

2つ目の例では、第一のものに比べて比較の視点があまりなかった。研究の焦点となったのは、むしろ非常に特殊な集団だった。私たちはドイツの都市のホームレス青年のもつ健康概念と経験に関心をもった。私たちの研究はいくつかの側面に取り組んだが、2つの主なリサーチクエスチョンにまとめることができる。ホームレス青年はどのような健康イメージを抱いているのか、そして、健康に関するどのような形の実践が、報告ないし観察されるのか、である。この研究はドイツのある都市で行われ、特定の公共スポットに定常的にたむろしている24名のホームレス青年を対象とした（14～20歳の12名の女性と12名の男性。表4-1参照）。ホームレス青年にインタビューするアクセスを見つけるために、研究者は、ターゲット集団のためのソーシャル・ストリート・ワークと、もう1つ敷居の低いドロップイン・センター[訳注]に参加した。こうした環境で出会った青年たちに研究の意図について知らせ、仲間にプロジェクトを知らせてもらったので、疑惑を生じることはほとんどなかった。ドロップイン・センターは、外から邪魔されない部屋で青年と会う約束をするのに使用した。青年たちには健康概念と健康に関する経験、健康問題、そしてそれにどう対処しているのかについて質問した。また、そのような経験に関係する状況を説明するよう求めた。インタビュー・ガイドにはいくつかのトピックが含まれていた。インタビュイーがどのようにしてストリート生活に入ったのか、彼らの主観的な健康の定義、現在の状況（住居、金銭上の問題、栄養）とそれが健康にもたらすもの、健康問題とリスク（ドラッグ、アルコール、セクシュアリティ）に

表4-1　年齢とジェンダーごとのサンプル数

年齢	ジェンダー		
	男性 ($N=12$)	女性 ($N=12$)	合計 ($N=24$)
14-17	5	9	14
18-20	7	3	10
平均	17.5	16.0	16.75

［訳注］気軽に立ち寄って相談できる公共施設。

どう対処しているのか、である。インタビュイーたちと仲間たちの健康上の実践を理解するために仲間集団内に参与観察し、インタビューを補完した。このプロジェクトは18ヵ月間の資金提供を受け、フルタイムで1人の研究者を雇うことができた。

ともあれ、これもサンプルや結果の代表性*を主張する研究ではない。少なくともドイツでは取り組まれていない、周辺に追いやられた集団に対して、彼らにとって微妙なことをトピックに、参加者から微妙な内容の回答を求めた、探索的な研究の一例である。アクセスを得ることの困難さ、そして先行研究の乏しさが、この研究で質的手法を使うことの正当性の大きな理由である。ここでも研究デザインは一連の決定の産物だった。何をもってホームレスと理解するか（一定の住処なしに少しでも時間を過ごしたこと。必ずしも継続的に直接地面に寝ているということではない）、何をもって青年と理解するか（ここでは14から20歳）、ホームレス性と公共の場でのたむろをどこに特定するか、等。最初私たちは異なる種類のホームレスの人たちがいる2地域を選んで両地域を比較したかったのだが、プロジェクトが始まったとき、地域の1つ（駅）が再建され、そこがなくなったので、1地域に集中せざるをえなくなった。私たちはジェンダー差にも関心をもっていたので、サンプルの半数を女性にするという計画を立てた。サンプリングの決定に続いて、特定のサイトの決定があったが、そこにはターゲット集団を支援しており、フィールドと参加者へのアクセスを手助けし研究を援助してくれる公共的機関の決定も含まれる。研究デザインの方法論的な部分としては、ここでも2つの手法からなるトライアンギュレーションを用い、今回はインタビューと、エスノグラフィー的なアクセスにおける参与観察（Angrosino, 2007 と Kvale, 2007 参照）という2つの手法だった。

良い質的研究のデザインを特徴づけるものは何か？

本章からいくつかの結論を引き出し、質的研究における良い研究デザインの特徴について考えるとするなら、以下の特徴を記すことができるだろう。

良いデザインは**明確な焦点**をもっていて、**明確なリサーチクエスチョン**をめぐって作られる。研究デザインとリサーチクエスチョンによって、研究を、リサーチクエスチョンに答える**本質的な課題**へと**絞り込む**ことができる。良い

研究デザインは研究を**資源と時間**において扱いうるものにし、**サンプリングの決定**と、なぜ特定の手法を使うのかを明確にする。またそれは、研究の**理論的背景**とうまく結びついているし、**研究視角に基づいている**。最後に、それは一般化という目的と研究の読者を反映しているし、より具体的には、研究で意図されている比較を可能にする。このように考えるなら、良い研究デザインとは、デザイン作りの諸ステップについてよくよく考え、計画し、明確な決定をしたことによってもたらされるのであり、このことについて、本章では考察してきた。しかしながら良いデザインは同時に、フィールドの状態に**敏感**で、**柔軟**で、**適応的**でなければならず、そして最初の諸段階や研究の進行とともに生じる**新たな洞察に開かれて**いなければならない。

キーポイント

- 質的研究は、研究デザインを発展させ、それを用いることからも利益を得るだろう。
- 質的研究の構築に影響を与えるものがいくつかある。
- 質的研究のデザインは多くの構成要素からなるが、1つの基本デザイン*に基づく場合もある。
- 研究デザインの主な機能は、研究の焦点を減らすことにある。

さらに学ぶために

以下の著作では、質的研究をデザインするという課題がより詳しく展開されている。

Flick, U. (2006) *An Introduction to Qualitative Research* (3rd ed.). London Sage.

Flick, U. (2007) *Managing Quality in Qualitative Research* (Book 8 of The SAGE Qualitative Research Kit). London: Sage. [フリック／上淵寿（訳）(2017)『質的研究の「質」管理』（SAGE 質的研究キット8）新曜社]

Marshall, C. & Rossman, G. B. (2006) *Designing Qualitative Research* (4th ed.). Thousand Oaks, CA: Sage.

Maxwell, J. A. (2005) *Qualitative Research Design: An Interactive Approach* (2nd ed.). Thousand Oaks, CA: Sage.

Miles, M. B. & Huberman, A. M. (1994) *Qualitative Data Analysis: A Sourcebook of New Methods* (2nd ed.). Newbury Park, CA: Sage.

訳者補遺

サトウタツヤ (2007)「研究デザインと倫理」やまだようこ（編）『質的心理学の方法——語りをきく』新曜社、pp.16-37.（サトウタツヤ (2013)『質的心理学の展望』新曜社、に再録）

田村正紀 (2006)『リサーチ・デザイン』白桃書房

5章　資源と障害

はじめに
資源
障害
まとめ

この章の目標

- 時間、費用、技能のような資源のレベルで、どのように研究プロジェクトを見積もるかについて知る。
- いったんフィールドに入り、研究計画を進めるべく試みる際に直面するかもしれない障害のいくつかについて知る。

はじめに

前の章で、良い研究デザインはいまある資源を合理的に勘案し使用することによって特徴づけられることを述べた。本章では、ほどほどの経費に収めるために、資金提供を受けた質的研究に限らず、どのようにして資源を見積もり、計画するかに焦点を当てよう。

資　源

研究デザインを発展させるにあたってしばしば軽視されているのが、利用可能な、あるいは必要な資源（時間、人員、技術的サポート、能力、経験など）

である。研究計画書が、計画された課題と現実的に必要な人的資源との非現実的な関係に基づいていることがよくある。

時間と技術的資源

現実的なプロジェクトを計画するために、それにかかわる活動の見積もりをするよう勧めたい。この見積もりが意味するのは、プロジェクト全体の時間のこともあれば（以下を参照）、プロジェクトの1つひとつの活動の計画についてのこともある。たとえば、約90分のインタビューをするのに、インタビューの相手を見つけるのにも、アポイントメントをとるのにも、そして移動するのにも、同じくらいの時間を要することを考慮しなければならない。インタビューを文字化*するのに必要な時間の見積もりは、使いたい文字化のシステムの正確さに応じてかなり異なる。速く文字化することができるタイピストにとっても、インタビューの録音テープの長さの4倍かかる、とモース（Morse, 1994, pp.232-233）は言う。完成したトランスクリプトをテープでチェックすることも含めるなら、合計してテープの長さの6倍かかる。プロジェクトを完全に見積もるためには、予測されなかった困難や「カタストロフィー」があってもいいように、さらに2倍の時間を見越しておくことを彼女は勧めている。緻密な文字化システム（ジェファソン流トランスクリプション。Rapley, 2007 または Kvale, 2007）を使うなら、必要な時間はかなり増えるだろう。インタビューを文字化するためのより実用的な提案が、ボックス5.1にある。インタビューの文字化にこの提案を使うと、ボックス5.2にあるようなトランスクリプトが得られるはずである。トランスクリプトを、リサーチクエスチョンに答えるのに必要最小限のものにしておくことは、時間に限りのあるプロジェクトを計画する際に重要な決定でありうる。

ボックス 5.1	文字化のルール
レイアウト	
ワードプロセッサー	ワード（97以降）
フォント	Times New Roman のサイズ 12
余白	左 2cm、右 5cm

行番号	5、10、15等々。どのページも同じように始める。
行送り	1.5
ページ番号	上右
インタビュアー	I
インタビュイー	IP
文字化	
つづり	慣例的に
句読点	慣例的に
中断	短い中断　＊、1秒以上の中断　＊秒数＊
理解不能な部分	((理解不能))
不確かな文字化	(あいう)
大きな声	注釈
小さな声	注釈
強調	注釈
語の途切れ	あいう -
文の途切れ	あいう -
同時発話	＃あいう＃
パラ言語的発話	注釈（例　ため息）
コメント	注釈
逐語的引用	慣例的に
略語	慣例的に
匿名化	°のついた名前

ボックス5.2　文字化の1例

　　I：えー最初の質問は、あなたにとって健康とは何でしょうか？((電話が鳴る))まず電話に出ますか？
　　N：いいえ。
　　I：構いませんか？
　5 N：健康とは相対的なものだと思います。年寄りやハンディがある人でも、健康と感じている人はいます。健康でありえます。えーと、前は、このコミュニティで働くようになる前は、いつも、とても規律正しい家庭で暮らしていれば、健康だって言っていました。すべて正しくて超

| 10 | 正確、完璧に清潔っていうか？　けれどこのコミュニティで働き出したとき、たくさん学びました（…）。その前はハノーバー・メディカルスクールの集中治療室で看護師をやっていて、ここに来たのは… |

I：インタビュアー　　N：看護師

ボックス5.3　プロジェクトのスケジュール																								
作業ステップ	月																						
	1	2	3	4	5	6	7	8	9	10	11	12	13	14	15	16	17	18	19	20	21	22	23	24
文献リサーチ	■	■	■	■																				
インタビュー・スケジュールの開発と事前テスト			■	■	■	■																		
フィールドワーク：参加者の発見とインタビュー					■	■	■	■	■															
インタビューの文字化						■	■	■	■	■														
フィールドワーク：参与観察						■	■	■	■	■	■													
観察プロトコルの執筆							■	■	■	■	■	■												
インタビューの分析										■	■	■	■	■	■									
観察プロトコルの分析												■	■	■	■	■	■	■						
結果と文献との関連づけ															■	■	■	■	■	■				
最終的なレポートと出版																				■	■	■	■	■

　データの解釈に必要な時間を見積もるのはもっと難しい。実証的研究の時間変数をどう見積もるのかのサンプルが、マーシャルとロスマン（Marshall & Rossman, 2006, chap.6）にある。

　インタビューと参与観察を用いた質的研究のスケジュールの一例を、ボックス5.3に再現した（ホームレス青年の健康概念についての私たちの研究より）。このようなスケジュールには2つの機能がある。このスケジュールは資金提供

の申し込みの際に、資金提供機関を納得させるため、どんな目的のためにどれだけの時間が必要かを説明し、要求している資金が正当なものであることを示すのに役立つだろう。研究のデザイン作成の際には、このスケジュールはプロジェクトの計画を方向づけるのに役立つだろう。

プロジェクト承認の過程で、時に要求した装備が減らされ、比較のための集団の追加やデータ収集期間の追加のような方法上の段階の追加が求められるかもしれない。これ以前ではないにしてもこの段階で、課題と資源の関係をチェックすることが重要になり、必要なら、方法論的な手続きを簡略化する方略も考えねばならない。

インタビューの文字化や他の形の録音データを使うプロジェクトでは、必ず良質の録音機材を使わないといけないし、文字化には足踏み式スイッチのついた特殊な道具が不可欠である。

データ解釈のためにコンピュータとATLAS、MAXqda、NVivoのようなプログラム[訳注]（Gibbs, 2007参照）を使用すると決定したら、技術的な準備のため十分な時間を計画に含めることが重要である（プログラムのインストール、エラーの削除、プログラムを使用するチーム・メンバーへの教育など）。

資　金

ここで考慮に入れるべきコストを3つに分けることができる。1つ目は、資金提供のあるプロジェクトや委託されたプロジェクトの場合であり、プロジェクトで働く人たちに支払う十分な**給料や支給額**を、プロジェクトの実行に必要な労働時間に従って計画しなければならない。たとえば、1人のフルタイムの研究者を2年間、および1人のパートタイムの研究者をデータ収集と分析の補助としてその期間必要とすると判断するかもしれない。プロジェクトのために必要となる労働時間の見積もりは、時間の見積もりに関する前節を参照していただきたい。たとえばプロジェクトで働く人たちによって文字化がなされるなら、それをするのに十分な時間を計算しなければならない。雇用時間あるいは雇用月数ごとにどれだけの金額を見積もらなければならないかは、プロジェ

[訳注]いずれも質的データ分析ソフトウェア。原著ではNVivoの代わりに旧製品であるNUD*ISTがNUDISTと記載されており、訳者の判断で現製品名に変えた。

クトを準備している地域の状況による。

　2つ目のタイプのコストは質的研究のための**運営費***で、これはプロジェクトが資金提供を得て研究者を雇用するかどうか、あるいは資金提供のない学位論文のためのプロジェクトかどうかが問題となる。ここで、用意しなければならない装備のコストについてふれることができる。良質の録音機、コンピュータ、ソフトウェア（ワードプロセッサーと、もし使うならATLAS.tiのようなCAQDAS[訳注]）、文字化を支援するテープ・レコーダ、テープ、紙、プリンタとインク、ビデオカメラ、レコーダ、ビデオを使うならスクリーン、複製代等である。データ収集のための金額を支払わなければならないことがあるかもしれない。たとえば1年分の新聞を買うなど、分析に必要な文書を買わなければならない場合である。時には、インタビューを行うためのコストが生じる。インタビュイーに時間を割いてくれたことに対して謝礼を支払ったり、オフィスまできてもらった旅費や研究者がインタビュイーに会いに行くための旅費などのコストである。文字化の作業を誰かにやってもらうことにするなら、ページごとに作業者にどれだけ支払わなければならないか、それからどれだけの単位（ページ、時間）が生じると予想されるかを見積もる必要がある。

　3つ目に、**普及*****コスト**（dissemination costs）を見積もる必要があるだろう。研究成果を発表することを考えている大会へ参加するために旅行することは、旅費や大会参加費などのコストを生む。報告書の印刷や、研究成果を含んだ著作を印刷する出版社への支払いも、かなりの金額を費やすものである。

　表5-1は、3年間の計画でプロジェクトにかかるコスト見積もりの見通しを得るのに使える。空欄に埋める数字は、個々のプロジェクトの必要と、実行する際の条件しだいだろう（1年間あるいは1ヵ月ごとに1人の研究者に支払う一定の給料はどの程度か、どのような装備が必要か、プロジェクトが置かれる場所に要するコストはどれほどか、等）。

経験と技能

　もう1つの資源は、プロジェクトを実行するのに必要な技能である。したがって研究プロジェクトの準備における重要な段階は、適用しようとしてい

[訳注] computer-assisted qualitative data analysis software の略。

表5-1 質的プロジェクトの費用を見積もる書式のモデル

経費項目	1年目	2年目	3年目
給料等			
研究者への給料			
文字化の費用			
インタビュイーへの謝金			
運営費			
備品（専門的な道具、コンピュータ、録音機器、ソフトウェア）			
部屋代、調度品			
資料			
印刷			
旅費			
データ収集			
大会			
会議			
その他の費用			
…			
…			

る手法を使う経験を積むことであり、特に以下の2つの条件での経験が必要である。1つ目は、初めて適用しようとする新しい方法を使う決定をした場合である。2つ目は、以前適用したことのある手法を使うが、研究チームの新しいメンバーが質的研究やその手法を使った研究をまだしたことがない場合である。どちらの場合でも、プロジェクトで使う手法の適用について準備をしなければならない。たとえばインタビュー訓練では、研究チームの全メンバーがロールプレイでインタビュー・ガイドの使い方を練習する。残りのメンバーはそれを観察し、ロールプレイをビデオで録画してそれを分析し、インタビュアー役をした人にフィードバックを与える。順に全員がインタビュアーの役割を演じ、

質問のしかた、探り*の入れ方、インタビュイーへの非言語的行動などの違いについて考察する。これはインタビュー状況を経験させ、同時にチーム内に、実際の状況と調査行動に似た経験をもたらす。こうした準備は、先述した私たちの医師と看護師とのインタビューを準備するのに有益だった。

コストのうちのいくつかは必ずしもあらゆるプロジェクトで生じるわけではないし、装備のうちのいくつかは研究機関ですでに使われているかもしれない。また資金提供を申し込まなかったり、追加の費用として他の研究者に経費を支払わないで済んだりすることもあり、たとえば学位論文作成の枠組みの中で1人で研究をすることもある。しかし十分な資金と計画という点では、ここでふれたコストは、時間と資源がなくなるという不愉快な驚きを避けるために、考慮すべきものである。

障　害

質的研究を計画・デザインすることと、それをフィールドで実際に人と会って行うことは別物である。次の段階で、私はフィールドで研究デザインがうまく行くのを困難にするいくつかの障害について述べたい。特定の手法の使用と関連する特定の問題と障害については、本書の8章〜10章で取り上げる。

アクセスが見つからない

もちろんこの状況で、起こるかもしれないあらゆる問題を予見することは不可能である（しかしそのうちのいくつかについては、Wolff, 2004 参照）。しかしここでは2種類の問題を区別することができる。組織内で行う調査では、研究参加者とのかかわりをもつ前に、管理職にあるさまざまなレベルの意思決定者と接触しなければならないことがよくある。それぞれのレベルが、その組織での調査一般に、あるいは特にその研究に対して（トピック、意図、効果など）、留保の態度をとることがある。それぞれのレベルで、フィールドへ入ることについて交渉しなければならない。ウォルフ（Wolff, 2004, p.199）は、調査に賛成・反対の決定を避けるための、組織における戦略のレパートリーについて述べている。それには、「成り行きを見守る」という戦略がある。これは、申し込まれた研究についての調査と決定を組織の次の（上の）レベルに先送りする

ことである。それぞれのレベルで、担当者から述べられる意見や要望と交渉し、それらに応えなければならない。いったん組織から研究が公式に承認されたら、「適切な」（つまり、関係する、経験のある、情報をもっている等の）人物に会うアクセスを見つけ、研究に参加すること（たとえば、インタビューをする）を納得してもらわなければならない。時には何らかの手法に対して特別な留保をする人（インタビューされるのを好まない）と出会うことがあるが、同じ求めに対して何の問題もない人もいる。ここで、そのような留保のほとんどない人たちだけを研究に含めたなら、そのことがサンプリングにどのような意味をもつのかに留意しなければならない（パットンはこの文脈で便宜的サンプリングについてふれ、この戦略の問題について論じている。Patton, 2002）。

　開かれたフィールドでの調査を計画する場合、さまざまな理由でアクセスが困難になるかもしれない。特に見つけることやアクセスすることが難しい人たちと会って研究を行いたいなら（不法滞在者や社会的弱者など）、そうした人たちとかかわりをもつ組織にアプローチする必要がしばしばある。そこでゲートキーパーの人たちと向き合うことになるが、彼らは調査が参加者に与える影響を何らかの理由で心配し、研究者に会わせないことで守ろうとする。そうした保護的かかわりは必要かつ正当な場合があるが、参加者が調査に参加することが良いことであっても、調査をより困難にする可能性がある。そのような場合、なぜその調査が研究者にとってだけでなく参加者たちにとっても重要なのかの理由を、ゲートキーパーに主張できるように準備しておくべきである。しかし、後にトラブルとなるかもしれない約束は、慎重に、しないようにすべきだ。私たちのホームレス青年と健康についての例では、この集団のための保健機関によるサポートの改善に使える成果が生まれるかもしれない。しかしそのような改善策が効果を生じる頃には、私たちの研究に参加した青年たち1人ひとりにとっては役に立たないかもしれない。もはや青年ではなくなっているからである。インタビューしたい人たちへのアクセスを見つけたとしても、彼らがあなたの質問にオープンに答えてくれることも、1人の人間としてのあなたにオープンになることも、必ずしも意味しない。フィールドへアクセスすることとフィールドに入ることは、対話におけるパートナーとして信用すべき1人の人間としての、信頼・信用できる者としての、そしてあなたが行い、あるいは計画していることができる人物としての、あなた自身の位置づけに大きくか

かわっている。

手法と現場のマッチング

この状況で、フィールドと参加者から得られそうなものを考えてみることも重要である。おそらくさまざまな手法を繰り返し適用することを含む、凝ったデザインを作り上げているなら、これが参加者には過大な要求であることがわかるだろう。予定しているインタビューの相手が厳しいスケジュールに直面しているなら（たとえば仕事中）、インタビュー計画がそのようなスケジュールに合っているかどうか考え直すか、たとえばより短いものに計画し直さなければならない。開かれた場所で研究が行われる場合、他の人たちからの妨害なしにインタビューが行える部屋を見つけることが難しいことがあるし、またインタビュイーがインタビューを受けるために研究者の所属機関にやって来ることも期待できない。そのような場合、デザインと手法を現場で可能なものに変更しなければならないだろうし、そうしないとプロジェクトの時間が足りなくなる前に、十分な数のインタビューを得て終えるのが難しくなるだろう。

参加者たちの視点

参加者たちが研究に参加することについて期待している事柄をよく考えることも重要である。時に彼らが求めているのが特別な注目であることがある。また、研究者のトピックの範囲を越えて、何か言うべき重要なことがあると思っているかもしれない。そのような場合、質問への回答以外に参加者たちが与える必要があると思っている情報について、オープンな態度でいるようにするべきであり、またこの情報提供を記録できるように、彼らとの接触において柔軟であるべきである。研究の関心の焦点をぼかすことなく、参加者たちとの接触において、参加者たちのや彼らの視点を真剣に受けとめるようにするべきである。

分析ではなく連想

インタビュー調査では、面白い話をたくさん聞くことだろう。参与観察では、予想もしなかった面白い事柄をたくさん見ることだろう。こうしたデータの分析で重要なことは、得たものについて理論的・批判的観点を保ち、呈示された

ものを精査することである。データに対して行うことは体系的でなければならず、話されたことにたんなる連想をせずに、データに、そしてデータから、たとえば類型のような構造を発展させたり、データのパターンを取り出したりするなどをしなければならない。こうしたことが、研究したフィールドについて、そこのメンバーにも、他の科学者にも、そしてひょっとしたらあなた自身にも、あらかじめ知られていなかったものを発見する見込みを高めるだろう。

まとめ

本章で示した必要な資源とありうる障害のリストは、完全なものではない。しかし両者とも、研究をデザインする際に心に留めておくべき事柄の最初の見通しを与えることができる。諸手法を述べる8章〜10章と「SAGE 質的研究キット」の他の巻が、このリストをさらに詳しく補うだろう。

キーポイント
- 質的研究を行うことは、さまざまな種類の有用な資源をもつことに基づく。
- 資金提供へ応募するときやプロジェクトの必要性を評価するとき、質的研究におけるこうした資源の適切な見積もりが重要となる。
- 質的研究における大きな障害は、アクセスを見つけること、手法をフィールドの条件に合わせることと関連している。

さらに学ぶために
以下の著作には、質的研究における資源と障害についてより詳しく論じられている。

Flick, U. (2006) *An Introduction to Qualitative Research* (3rd ed.). London: Sage.
Marshall, C. & Rossman, G. B. (2006) *Designing Qualitative Research* (4th ed.). Thousand Oaks, CA: Sage.
Maxwell, J. A. (2005) *Qualitative Research Design: An Interactive Approach* (2nd ed.). Thousand Oaks, CA: Sage.

Wolff, S. (2004) 'Ways into the field and their variants', In U. Flick, E. von Kardorff & I. Steinke (Eds.), *A Companion to Qualitative Research*. London: Sage, pp.195-202.

訳者補遺

資源については

佐藤郁哉 (2006)『フィールドワーク　増訂版——書を持って街へ出よう』新曜社、の4章

6章　質的研究の質

はじめに
質の良い質的研究をデザインする
質の良い質的研究を実行する
質的研究を報告する
まとめ

この章の目標
- 質的研究における質の問題が、研究の計画、実行、報告と関係していることを理解する。
- 質を定め、上の3つの段階に影響するさまざまなレベルについて知る。
- 手法に焦点を当てて質の問題を論じる後の章への方向づけとする。

はじめに

　標準的な研究では、質は研究デザインを作る際の大きな問題の1つであり、おそらく最大の問題である。この文脈での質とは、研究状況自体とそれに影響を与えるものの標準化とコントロールに密接に結びついている。したがってこれの基本的な考えは、もし外部や研究者のバイアスからくる妨害的な影響をなんとかコントロールして排除するなら、バイアスのないやり方で研究課題にアクセスするしかたを見つけ、それを妥当で信頼でき、客観的なやり方で結果に示すことができる、というものである。したがって研究状況の標準化、および質問紙調査や実験をする個々の研究者から研究状況を独立させることが、研究

の質向上への王道である。

　質的研究では、研究における質についての議論は、あまり標準化とコントロールの考えに基づいていない。そこで使われる手法の多くと相いれないように見えるからだ。質はむしろ、どのように研究を管理するかの問題と考えられている（Flick, 2007 参照）。時にはこれは、ある特定の手法の適用の厳密さと結びつくことがあるが、研究の全体としての確かさと結びつくことのほうが多い。このことは、研究過程を質の問題の評価の基準にするし、また同時に質を以下の3つの点で質的研究のデザインの問題にする。研究計画のレベルでの質的研究のデザイン、フィールドとの接触と質的データの分析のレベルでの質的研究の実行、それに読者と参加者への質的研究の報告と普及である。第二、第三の活動は第一のものに強く基づいていて、質的研究のデザインと計画に影響を与えるので、これらについても考察しよう。

質の良い質的研究をデザインする

　質的研究を計画する際に、研究における質を発展させ、改善し、保証するための、簡潔に言えば質を向上させるための、出発点がいくつかある。

適用（indication）
　まず第一に、質的研究の（計画の）質は、特定の手法（8章～10章参照）やデザイン（4章参照）の、明確でよく考えられた決定に基づく。これは、研究手続きにおける適用問題として要約することができる（Flick, 2007, chap.10 参照）。プロジェクトの計画の際、質的研究一般、その中のある特定のアプローチ、ある具体的な手法に対する決定が、それらへの全面的な共感や態度に基づいていないことが明白であるべきである。手法、アプローチ、デザイン、それに研究のタイプの適用は、研究課題と、それに関連するリサーチクエスチョン、その課題とそこの住民についての既存の知識について熟考した上でなされなければならない（Flick, 2007 の表10-1参照）。こうした要素がみな、特定の手法やデザインやアプローチの使用を正当化するなら、これを背景にして適用を語ることができる。ある手法や、あるデザインや、あるアプローチが適用されることが、その使用とプロジェクト全体の質のための重要な条件となりうる。

私たちによる専門家の健康概念についてのプロジェクトの例では、エピソード・インタビューの適用はまず、文献研究から明確になった類似の研究の欠如に基づいていた。またそれは、研究しようと関心を抱いた知識についての仮定にも基づいていた。日常実践における健康と予防の重要性についての専門家の知識は、概念（健康とは何か、予防とは何か）と、それを使う（使わない）状況の記憶から作られることが予想された。リサーチクエスチョン（2章参照）が要求した手法は、変化と発展についての概念的な知識と表現を捉えるものだった。この専門家集団は、エピソード・インタビューを用いるときに期待される、質問に答えて状況を説明する用意があるだろう。結果を実践的文脈へフィードバックするフォーカスグループとの併用は、結果の評価とグループからの示唆という、異なるレベルでの付加的な洞察を約束するように思われた。

適切性（adequacy）

　適用が特定の手法を用いる決定を意味するのに対して、適切性は、特定の手法やデザインが研究課題とフィールドに合っているかを何度もチェックすることを意味する。必要なら、何をどこで研究したいのかに適した選択とするために、研究を再度デザインすることも意味する。具体的には、良い質へのアプローチとしての適切性とは、できるかぎりその手法を使用する準備をすることを意味する。研究者とチームは、適用する予定の手法についてよく知っていなければならない。また、「実際の」事例にアプローチする前に、インタビューや観察の訓練をしておかなければならない。この訓練では、手法それ自体に焦点を合わせるだけでなく、研究課題と、その手法を用いて調べたい人たちについても明確でなければならない。そうした訓練の評価で肝心な点と思われるのは、個々のインタビュアーがその手法のために開発された規則と基準に従って、それを使う用意ができているか、ということである。もう1つの点は、参加者にとってそのことが何を意味するのか、ということである。ナラティヴ・インタビューで患者の生活史を集めることによって、病いの経験を調べようとする例を挙げてみよう（これについては Flick, 2006, chap.14 も参照）。その場合研究者は、インタビュアーがどのように生活史を聞き取り、インタビュイーが話し続けるようサポートするのかを、事前インタビューで分析することができるだろう。しかし、インタビュイーがそのような生活史をナラティヴで示すことが

意味するものも分析しなければならないし、それら両方が研究で意図しているものにとって適切かどうかも分析しなければならない。

多様性に開かれていること

研究計画をする際は、研究課題のもつ多面性を、扱いやすいリサーチクエスチョンと研究デザインに縮減することで手いっぱいだろう。しかし同時に、質的研究の質を示すものは、そのデザインにおいて研究者が多様性をどのように扱うかであることがしばしばある（Flick, 2007, chap.3 参照）。ありうる経験のバラエティの探求を、どう研究デザインの中で実行するのか？　研究者は逸脱ケースの扱いをどのように予測しているか？　研究者はメンバーや他の研究者からの批判的なコメントをどれだけ求めているか？　フィールドでの多様性を増やし、また考慮に入れるこうしたアプローチは、研究の実施の際だけでなく、計画と準備の際にも重要になりうる。

これら3つのアプローチは、研究計画をデザインする過程ですでに質的研究の質の問題に取り組むものである。これが最終的にどれほど良質と特徴づけられる研究をもたらすかは、この計画を次のステップでどう実行に移すかにかかっている。

質の良い質的研究を実行する

質的研究の質の良さは研究の計画とデザイン（だけ）では生まれない。質はむしろ、研究をしていく中から生まれる。そこには質を評価するためのさまざまなアプローチを見つけることができる。以下の記述に見るように、最後に決定的となるのは、厳密な基準というよりも、質的研究を行うに当ってのある種の緊張したフィールドとの向き合い方である。

厳密性と創造性

たとえば基準の一覧とチェックリストを使って質的研究の質を定義する試みでは（詳しくは Flick, 2007 参照）、そのような定義の本質部分として、手法の使用やアプローチとデザインの適用において厳密であれとの考えが常に頭をよぎるものである。厳密性*とは、手法を厳密に細心の注意を払って適用するこ

と、サンプリング計画を守ること、どの時点でもまごつくことなくデータを分析することを意味する。そうした方法上の厳格さと注意深さに基づいて質的研究の質を確保することもできるかもしれない。しかし本当に良い研究であるためには、さらに必要なことがある。ここでわれわれは、創造性についてふれねばならない。手法を使用する際の創造性、フィールドを探索して新しい洞察や視点を取り上げる際の創造性、手法と計画をフィールドに合うものに変える創造性である。良質の質的研究とは結果として期待されたものを見つけて確証することに限定されるものではなく、新しい洞察と、研究してきた事柄や人びとの新しい見方を生み出すものである。これが意味するのは、質的研究の質は、(理論的、概念的、実践的、方法論的な) 創造性と、その現象や過程や人びとを研究する際の方法論上の厳密性とが緊張しあうフィールドで発展し、生まれるということである。

一貫性と柔軟性

もしいくつかの事例の研究をしようとするなら、比較のため最小限の一貫性を保つことが有用かつ必要である。たとえばインタビューを使った研究では、参加者全員に同じやり方で同じ質問をし、関連するトピックや質問をいくつかの事例で省略することがないようにすべきである。これを助けることが、インタビュー・ガイドを開発し使うことの目的である。このようにして研究者の一貫性を保つやり方は、他の手法でも同様に論じることができる。

しかし、これもまたコインの一面にすぎない。インタビューが一貫したやり方で行われれば、比較は容易になるかもしれないが、非常に優れたインタビューは必ず、質問を個々の参加者と具体的なインタビューの成り行きに合わせる研究者の柔軟性から多くを得ている。エスノグラフィーでは、手法の柔軟な使用はそれ自体が基準でさえある (Lüders, 2004b や Hammersley & Atkinson, 1995 参照)。同じことがカテゴリーを作ったり、データ間、断片間、事例間の結びつきを作ることにも言える。このように、質はまたしても一貫していることと柔軟であることの緊張のフィールドにあり、手法の「正しい」適用といったものに還元することはできない。研究者が主体的にこの緊張とともにどこまでやって行けるかは、研究のデザインと計画の際にどれだけこのことを考慮するかに大きくかかっている。

基準と方略

標準化された研究における研究デザインの主要な問題とは何かということに戻ると、質的研究の質における第三の緊張のフィールドが見つかる。良い質的研究と悪い質的研究を区別する明確な基準に対しては、たくさんの示唆がなされてきた。それらはこの場合にも、信頼性、妥当性、客観性という、伝統的な社会科学の基準を用いることに基づいていた。だがそれらをどう再公式化するかに対する示唆（たとえば、妥当性をもつとは質問することである。Kvale, 2007）や、新しい基準のための示唆（たとえば、信憑性*。Lincoln & Guba, 1985）に着目することもできる。これらの示唆は、どの基準が質的研究にとって、あるいは質的研究における特定の分野にとって適切なものなのかという点に関して、何らかのコンセンサスを導くには至っていない。より一般的な問題は、これらの基準は、たとえば、あるプロジェクトを良い質的研究と見なす最少の信憑性はどれだけか、ということの明確なベンチマーク（量的研究における評定者間信頼性の場合におけるような。受け入れられるためにはコード化の一致率が一定のパーセンテージを超えねばならない）がないことである。

同時に、質的研究の質を高める多くの方略を見つけることができる。それには、トライアンギュレーション、分析的帰納やより一般的には否定事例を考慮すること、研究過程における質の管理などである（両者の議論の概観は、Flick, 2007 参照）。こうした方略は質的研究の質の改善にかなり貢献することができるし、具体的な研究のデザインに影響を与えるだろう。しかし、こうした方略が良い研究と悪い研究の明快な境界をもたらすわけではない。

こうした簡単な説明からも明確になったように、質的研究における基準のレベルで質の問題への明白で普遍的な解決策を期待すべきではない。むしろ、われわれはここで、第三の緊張のフィールド——もし可能で理由があるなら基準を適用することと、研究過程で質を向上させるための方略を使うことの間の緊張のフィールド——に歩みを進めよう。この緊張のフィールドもまた、質的研究のデザインに影響するし、具体的なデザインの決定によって用意されるだろう。

質的研究を報告する

質的研究では、研究の質はそれについての報告に基づいてのみ、評価できるようになる。

> 方法論上の手続きの提示とその反省があり、フィールドへのアクセス、フィールドにおける活動についてのすべてのナラティヴがあり、さまざまな資料の文書があり、文字化された観察と会話、解釈と理論的影響がある研究レポート、これこそが調査の質の問題に答える唯一の基礎である。(Lüders, 1995, p.325)。

この記述を真剣に受けとめるなら、研究とその知見の報告の問題は、3つの点で質的研究の質を判断するのに重要となるだろうし、それは再び研究やプロジェクトのデザインに影響するだろう。

透明性 (transparency)*

研究について書く際、どのように進め、どのように知見と結論に達したのかに対して透明でなければならない。これは、質的研究の質を高めるために繰り返し言われている提案である。これを真剣に受け取るならば、それは決定（方法についての決定や類型論における諸タイプの決定など）がどのように行われたのか、研究者は逸脱ケースをどのように扱ったのか、どのようにして分析によってより一般的なパターンがもたらされたのか、等々を読者が理解できるように、プロジェクトとその結果を提示するということである。1個の研究の透明な提示は結果に限定されるものではないが、それは、研究の過程がどのように進み、アイデアがどのように発展したのか、どのアイデアが追究されどのアイデアがわきに置かれたのか、の感覚を読者にもたらすだろう。読者には、自分だったらその研究者と同じことをしたのかどうか、同じ結論に達したのかどうかを判断するのに十分な情報が与えられねばならない。

フィードバックとメンバー・チェック

　この文脈での良い実践の2つ目は、研究者がフィールドからのフィードバックを得ようとしたかどうかである。これには2つの側面があり、1つは研究したフィールドである。ここでは、コミュニケーションによる妥当化*（communicative validation）、フィードバック・ループやメンバー・チェック*が、研究の正確さと適切さをチェックする重要な情報を与えることができる。2つ目は、科学のフィールドである。研究者は仲間からのフィードバックを得ようとしたか。予備的な結果が大会や学会誌で公にされたか。それへの反応を将来の研究でどのように考慮したか。これはまた、外部の視点を考慮に入れることで、質的研究のプロジェクトにおいて多様性を扱う1つの方法として理解することができる（Flick, 2007, chap.3 参照）。

報告の読者

　これは研究の計画ですでにふれた問題である。結果が、そして研究一般が述べられる読者とは、いったい誰なのか？　読者に届くように、そして読者が利用しやすいようにするために、どのようにレポートや論文が書かれるべきか？　もしアカデミックな読者のために書くのなら、実践的な状況にいて、われわれの結果から実践的なレベルの結論を引き出したいと考える読者のために書く場合とはスタイルが異なるだろう。最後に、もし研究が目的とするのが政策決定の過程に影響を及ぼすことなら、これもまた異なるスタイルで書く必要がある。この場合、もっとも重要な知見とその意味を明快に示して、簡潔なスタイルで書く必要があり、細部を多くしすぎて読者を混乱させてはならない。第一の場合であれば、細部をより書き込む必要があり、それが結果の分類とその重要性を評価するのに大切となる。

　研究プロジェクトとその文脈を超えて結果を伝えるレベルでは、3つの課題が重要である。研究を透明なものにすること、結果をフィールドに返すかどうか、どのように返すか、そして現場からの反応にどうするかについて慎重に考えること、そして最後に、結果とレポートを届けたい読者に届くように、特定の読者や一般の読者のためにどのように書くかの熟慮である。

まとめ

質の問題は相互に関連している3つのレベルで、質的研究のデザインにとって重要となる。質的研究のデザインを、フィールドで何をしたいのか、そこで何を見つけると期待しているのか、どのように分析するのか、について熟慮を重ねた計画と理解するなら、これら3つのレベルは計画段階での決定に影響するだろう。

▬▬▬ キーポイント

- 質的研究の質は、質的研究の計画、実行、報告での努力の結果である。
- 3つのレベルはみな、質的研究のデザインにとって重要なものとなる。
- 質的研究をデザインする際、計画しているものをなぜ、どのように行うのかを認識していなければならない。
- 研究を実行する際、3つの緊張のフィールドで質が発展する。
- 研究の伝達は、結果をフィールド、意図した読者、そして読者一般と結ぶステップとして重要である。

さらに学ぶために

以下の3冊は、質的研究における質の問題にどのように取り組むかについて、より詳しい情報を与えてくれる。

Flick, U. (2007) *Managing Quality in Qualitative Research* (Book 8 of The SAGE Qualitative Research Kit). London: Sage. ［フリック／上淵寿（訳）(2017)『質的研究の「質」管理』（SAGE 質的研究キット8）新曜社］
Patton, M. Q. (2002) *Qualitative Evaluation and Research Methods* (3rd ed.). London: Sage.
Seale, C. (1999) *The Quality of Qualitative Research*. London: Sage.

訳者補遺

佐藤郁哉 (2015)『社会調査の考え方　上・下』東京大学出版会、の2章と3章（上巻）

7章　質的研究の倫理

はじめに
準備
リサーチクエスチョン
アクセスとサンプリング
データ収集
データ分析
執筆、一般化とフィードバック

この章の目標

- 質的研究のデザインにとって重要となる倫理的問題を理解する。
- 研究プロセスの各ステップで、質的研究の倫理の観点から何が大切なのかを知る。
- 質的研究の倫理の一般原則を、質的研究をデザインする際の具体的な段階ごとの決定に下ろして適用できるようになる。

はじめに

ここ数十年、倫理的問題と倫理的関心への意識がかなり高まっている（Punch, 1994; Hopf, 2004; Christians, 2005 参照）。研究一般における倫理についての議論が、さまざまな側面で進められてきた。調査されていることを知らない人びとに行う研究や、時には研究から被害を被った人びとの数々の事例が、こうした研究への意識を高めた（たとえば、ドイツのナチス政権下における強

制収容所での医学実験、被験者に治療が施されなかったアメリカのタスキーギ梅毒実験*）。告げられていたのとはまったく別の実験の一部であることを知らずに他者に電気ショックを与えさせられ、権威者の影響力にさらされたミルグラム実験*、繰り返し起こったデータや結果の操作の事例、ハンフリーズの研究（Humphreys, 1975）のようなサブグループでの隠れ調査[訳注]、匿名化の試みをしたにもかかわらず人びとや地域が特定されてしまったエスノグラフィー調査の出版など。最後に、特に自然科学において、近年データと結果の操作や捏造の事例がいくつかある。

　こうした研究の悪用とこれが招いた社会的関心は、研究における良質の実践の冒涜を防ぐ予防措置を確立しようとする動きをもたらした。1つは、もっとも学術的な学会が倫理綱領*を制定したことである（たとえば、アメリカ社会学会の倫理綱領（www.asanet.org）や、イギリス社会学会の倫理実践声明（www.britsoc.co.uk）である）。もう1つは、大学のような研究機関のほとんどが現在、研究パートナーとして人間が参加する場合には、その研究を承認する機関内審査委員会*や倫理委員会を制定していることである。原則的に言って、そうした制度化された予防措置は非倫理的な研究を防止するための重要なステップだが、質的研究やフィールド調査において多くの著者が指摘しているように、そのような制度は必ずしも研究の「実際の」問題に取り組んでいるわけではないし、研究をより良いものにするというより不可能にする場合もある。また、質的研究における倫理的問題は、デザインにはじまってその後の全実行までのすべての過程にまたがっている。

　倫理的に健全な研究の基本原則がいくつかある（Christians, 2005, pp.144-146も参照）。

- インフォームド・コンセントが意味するのは、研究について知ることなしに、かつ参加を断る機会をもつことなしには、いかなる人も参加者として研究にかかわらせてはならないということである。
- 研究参加者への騙し*（隠れて観察したり、研究の目的について嘘の情報を

［訳注］ハンフリーズは公衆便所で同性愛者のサブカルチャーを隠れて観察した。SAGE質的研究キット3, アングロシーノ／柴山真琴訳『質的研究のためのエスノグラフィーと観察』83-85ページ参照。

与えたりすること）は避けなければならない。
- 参加者のプライバシーは尊重されねばならないし、秘密は守られ、保持されねばならない。
- データとその解釈の正確さが指導原理でなければならない。これが意味するのは、研究の実践において、データ収集とデータ分析で省略や不正が起きてはいけないということである。
- 参加者との関係においては、その人への尊重が不可欠と見なされる。
- 善行。これは参加者の幸福を考えることを意味する。
- 正義。これは研究参加者にとっての利益と負担の関係に取り組むことである。

こうした原則のすべてが、責任と思いやりのある研究を計画するための方向性として正しいし、重要であると言うことができる。しかし、それらはフィールドで、自然な環境で人びととかかわることに結びついている倫理的ジレンマから研究者を守るものではない。

本章では、質的研究の計画とデザインにおいて問題となる、倫理的問題に取り組む。その目的は、質的研究の倫理の包括的な概観（詳細は Flick, 2006, chap. 4、および Flick, 2007, chap. 9 参照）を与えることではない。むしろ、本章は研究の過程、計画、デザインの段階で生じる倫理的問題に焦点を当てることを意図している。

準　備

倫理についての熟慮は、フィールドにいる間だけ問題となるのでもなければ、あなたが属する組織の機関内審査委員会に提出する計画書を用意している間にだけ取り組めばよいものでもない。研究をどう計画するか、誰を研究したいか、そして研究者（あるいはフィールドワーカー）がフィールドでどのように振る舞うべきかを考慮する際に、必ず倫理がかかわっている。

意　義

プロジェクトを準備する際、倫理的次元でいくつかの問題をよく考えねばな

らない。第一のものは、さまざまな点での意義である。そのトピックはすでに「研究されつくされていないか」。十分な研究がすでにされていないか。それからその研究は、現存する知識の蓄えに新しい何かを貢献するのか。

参加者

これから出会うであろう参加者について考えるとき、特に子どもや患者、高齢者、あるいは困難な状況で暮らしている人たちとかかわろうとしている場合に、彼らを研究にさらすのは正当化できるだろうか。これは、こうした集団を研究すべきではない、ということを意味しないが、ひとつひとつの事例で、彼らを「用いる」ことが正当化できるかどうか熟慮すべきである。

研究者

フィールドに入り、そこで新しい何かを見つけ、そしてそこから興味深い知識を発展させるもっとも良いやり方は、「やってみることだ」という示唆を時々見かける（たとえば Glaser, 1992 にこの考えがある。Punch, 1994 はこのような立場を再検討している）。しかし、研究、ないし研究者たちがフィールドでうまく行くために、どのような慎重な準備をするかについて考えなければならない。人びとや出来事と出会う準備をするために、研究者は自身の方法論的アプローチを使えるよう訓練されねばならないし、それが何に対するものなのか、それを適用することでどのような問題が生じる可能性があるのかを知らねばならない。ロールプレイを用いたインタビュー訓練も、その後で研究チームや研究のスーパーバイザーによる批判的なフィードバックが行われるなら、役に立つだろう。微妙なトピックについて話をするために開かれた状況で見知らぬ人と会うのは、多くの研究者にとって困難なことであり、そのような環境での経験をもっておくことが役に立つことがある。特に、研究が慢性疾患や末期の病いのようなトピックに取り組む場合、これもまた研究者にとってインタビュイーとの接触は容易なことではない。トピックについての経験とこうしたことについての知識は、研究者がフィールドのメンバーには見えないものをより多く見る、というナイーブな立場を妨げるかもしれないが、研究課題、参加者、それにフィールド一般に対しても、うまくやって行くのに役に立つだろう。それはまた、研究においてインタビュイーや参加者との倫理的に健全な関係を発

展させるための、良い出発点でもありうる。

リサーチクエスチョン

リサーチクエスチョンの策定と結びついた、いくつかの倫理的問題がある。

リサーチクエスチョンの焦点

ここでの中心的な課題は、リサーチクエスチョンがどれだけ焦点づけられているか、である。それに答えるために集められるデータとして何が必要かについて、リサーチクエスチョンは明確なアドバイスを与えるか否か？　焦点が定まっていないリサーチクエスチョンはプロジェクトを成し遂げがたくするだけでなく、集めるべきデータの範囲を必要以上に拡大させてしまう。質的研究はしばしば開放的で全体的なものであり、したがって焦点はプロジェクトの後の段階で絞られ、洗練されるべきであると理解されている。そのようなアプローチが参加者たちにもたらすのは、調査で必要であろう程度以上に詳しく、生活や状況が記録され、語られるということである。そこで、この段階でのリサーチクエスチョンの焦点化と明確な計画立案は、参加者の「調べられすぎ」を、つまり必要以上にプライバシーに深入りされることを、防ぐことができる。

研究課題を通して直面すること

この文脈で熟考すべき第二の課題は、研究参加者となる可能性のある人びとにとって、リサーチクエスチョンが意味するものは何かということである。研究に参加し、インタビューで質問に答えることに同意するとき、彼らは何に直面するのだろうか。たとえば、認知症の始まりを経験している人たちにインタビューをすることは、参加者たちがもの忘れや、知識と記憶、言語使用のギャップに直面しているために、彼らにとって非常に辛いものになる可能性がある。私たちのホームレス青年調査のプロジェクトでは、青年たちに路上生活がどのように始まったのかを尋ねることは、辛い現実と直面させる可能性がある。というのは、たとえばこのことが多くの例で家族との多少とも重大な葛藤を思い出させることになるからである。この直面化は研究の目的を追究するのに必要な場合があるし、もしそれが本当に正当化されうるもので、避けられな

いことなら、それを受け入れるべきであるが、参加者たちに危害を与えることを避けるための予防措置を講じなければならない。

研究における騙し

この段階での第三の課題は、研究における騙しに関係している。自分の研究について参加者を騙すべきでない、ということは、いまではコンセンサスになっているかもしれない。しかし同時に、リサーチクエスチョンについてこと細かく参加者に情報を伝えるのは、研究にとって有益だろうか？　もちろん、研究のトピックについてよく説明すべきであるが、リサーチクエスチョンを詳細に示すなら（たとえば、集団の比較についての仮定を含めて）、特別な期待や過敏さを招くかもしれない。このことを考慮するなら、「騙しはなし！」という一般ルールは、それをどのように具体的な言葉にするかという細部のレベルで、より困難になる。

研究のこの段階でも、再び倫理的課題を評価する3つの側面が確認された。これは、われわれは研究をしてはいけないということを意味するのではなく、こうした課題の扱い方がわれわれが探求する研究によって正当化されるかどうかをよく考えなければならない、ということを意味するのである。

アクセスとサンプリング

研究に参加する人たちに接触すれば、つまり調査のフィールドに入れば、すぐに倫理が実際の問題となる。

インフォームド・コンセント

フィールドと参加者に接触する際、インフォームド・コンセント*を規定する書類を用意しなければならない（可能ならどこでも）。最良の方法は、互いに顔を合わせる機会を用意し、そこで研究の目的や参加者に望むこと（たとえば、インタビューをする）、データの扱い（どれだけ長く保管されるか、誰が見ることができるか、どのように匿名性が保証されるか）を説明する。これは研究者と参加者の両名によって署名されねばならず、また承諾取り消しができることが含まれていなければならない。研究者が研究の基礎をもてるように、署名

の取り消し期間が定められていなければならない（たとえば2週間）。もし実現可能なら、この契約には参加者が研究結果をもらえるかどうかも含めなければならない。

社会的弱者*

標準的な状況では、全参加者があらかじめそうした承諾に署名するはずである。しかしそうしたルールの例外がいくつかある。まず、経験から言うと、研究に参加する用意はできているのにこうした文書への署名を断る人が多くいる。時には、子どもや高齢者や患者のような、承諾の署名をする状態にない人たちを調査することもある。そうした場合、原則としてインフォームド・コンセントをどのようにして保証することができるか、それからどのような代替策なら受け入れられるかを、明確に定義しなければならない。第一の例では研究者は、参加者に説明をしたこと、およびこれに基づいて参加者が参加に同意したことに、署名をしなければならない。もう1つの例では、参加者の代わりに誰がインフォームド・コンセントを与えることができ、それは正当化されるのかについて考えなければならない。

危害を与えないこと

調査への参加者になるよう人びとに申し入れる際、参加することによって、彼らがいかなる不利益も危害も危険も被らないことが確実でなければならない。これは一般的なレベルでは疑いなくその通りであっても、細かい点になると問題が生じるかもしれない。たとえば、ホームレスのような、恵まれない状態で暮らしている人たちを研究する場合、研究者は人びと一般ではなく、そうした状態にいる人たちに主に関心を抱いている。したがって研究者はそうした人たちを探し、たとえばインタビューをするのに、十分長い間彼らがそうした状態にいることを何らか当てにしているのである。もちろん、研究を通して参加者の状態を変えることを目指す多くのアクション・リサーチのプロジェクトがあるが、ここでも、研究を行うための背景として社会問題の存在が、その構成要素になっている。

選択

ある組織内で調査をし、互いに知っているか、接触のある人たちからなる集団からインタビュー参加者をサンプリングしなければならない場合、参加者として選ばれなかったり（私には興味がないのか？）、他の人が調査対象にならないことがわかったりすることが（なぜ私が？）、人を穏やかでない気持ちにさせる可能性がある。研究者はサンプリングの決定が現場にそのような力動を生み出すかもしれないことを、よく考えておく必要がある。

データ収集

データ収集の際は、調査のフィールドや参加者に及ぼす影響について自覚的でなければならない。それは結果の質を損なう偏向という意味でというよりも、相手の視点で考えるという意味でそうでなければならない。

迷惑

最初のものは、調査によって引き起こされる迷惑である。たとえば、専門的な仕事や私的な日課を妨害すること、フィールドのメンバーには注目されていない物事に焦点を当てること、質問をすること、家族の写真を見せてくれるよう頼んで記憶を思い出させることによって、迷惑を与えないだろうか。この迷惑は調査とそれが生み出すであろう知識にとっては生産的である可能性があるが、私たちを私生活や専門的活動に招き入れてくれた人たちにとっては、しばしばいらだちの元になる。ここでも、これはこうした理由で調査を行うべきでないとか、そうした迷惑を完全に避けることができるといったことを意味しない。しかし、参加者たちの日常生活に与える影響をよく考え、絶対に、あるいは本当に必要なものに制限するようにしなければならない。

押しつけ

インタビューだけに限らず、調査とは対話である。このことは明らかかもしれない。この対話は、場所と観察可能な過程へのアクセスを求めることと、その返事として与えられる、答えや物語や写真・映像や文書等の情報からなる。最初の答えが満足なものでなく、2つ目の質問をしたり探り*を入れたりする

ことがしばしばある。インタビューでは、参加者が話せない、話したくないということが問題になるとき、参加者の限界についての感覚と、いつさらに応答を求めるのをやめるべきかの感覚を発達させることが重要である。これも具体的な事例に大きく依存しており、一般的ルールであらかじめ決めたり公式化したりすることはほとんどできない。しかし、ここでは私たちは、尊重すべきプライバシーと親密さの境界に来ているかもしれないのである。

気づかないこと

他方、研究者が予想しなかった側面を参加者たちが提供することがあり、これは彼らにとって話すべき重要なものだったり、問題の文脈に関連するものだったりする。ここでも研究者は、そのような問題をいつ取り上げて、そうした側面と参加者に気づかないでいることを避けるための感受性を発達させる必要がある。この文脈でも、非常に狭く焦点を当てて参加者とかかわることと、われわれの予期を超えて問題について彼ないし彼女が考えることを真剣に取り上げることとのバランスが大切である。

データ収集は研究参加者ともっとも密接になる調査の部分であり、この段階ではフィールドと参加者との関係における倫理は、具体的かつ実際的なものとなる。

データ分析

正確であること

注意深くデータを分析し、絶えず読み、再度読みなさい。手法を使って（たとえば理論的コーディング）、体系的に分析しなさい。仮定に基づいた暗黙の比較ではなく、明示的な比較を使いなさい（出来事同士や人同士の比較）。

公平であること

人の価値を貶めるようなデータの解釈は避けるようにしなさい。人を無意識的な力や動因の結果と見ないよう、注意しなさい。データとして集めた実践や発言を解釈するときは、その人の意図や主体性を尊重するようにしなさい。特に参加者たちのうちのいく人かがかかわる場合には、データに現れた対立に

中立でいるようにしなさい。データが100パーセント支持していない何ものも実践と発言に読み込まないこと。早まって（過剰な）一般化をしないようにし、パターン、タイプ、その他の形の一般化をするとき、逸脱ケースを心に留めておくこと。たとえば時折得られる発言からそれが人や組織の通常の慣習や性質であると推測するなど、内的一般化には慎重であること。

秘密を守ること

データの分析で重要な問題の1つは、研究参加者の匿名性とプライバシーをどのようにして守るかである。フィールドノーツとトランスクリプトは実際の人と場所についての具体的な情報を含まないよう、書く段階で匿名化しなければならない。研究チーム内で（本名を使って）「本人」たちについて話をするのを避け、匿名や仮名で事例について話をしなければならない。同様のことがサイトと組織にも適用される。ある組織で調査をして、いく人かのインタビュイーが実生活で互いに知っている場合、個々のインタビュイーが仲間から特定されないように、きわめて注意深くしなければならない。

データの墓場を避けること

生涯にわたってデータを持ち続けないこと。本当に必要な期間だけ、安全に持ち続けること。参加者との契約に、一定期間後にデータを廃棄するということが含まれているなら、そうすること。もしデータを保管するなら、安全にロックし、実生活で参加者たちが誰か確認できるファイルを閲覧できないようにすること。リサーチクエスチョンに答えるのに必要なデータ以上のデータを集め、保管することがないようにすること。

以上のことが示唆するのは、データの分析において厳密である必要性と、参加者たちが特定されることの防止、データがもともと与えられた人ではない別の人による誤使用の防止に厳格である必要性である。

執筆、一般化とフィードバック

一言で言えば、執筆するときにも再び倫理の問題が起こる。もっとも重要なのは、参加者と、データを集めたサイトと組織の匿名性を保つことである。質

的研究の歴史には、参加者やそのコミュニティが容易に確認できる形で研究参加者が示された例がたくさんある（たとえば、Punch, 1994 参照）。ここでは、参加者たちへの公平さの問題と、参加者内での公平性の立場を維持する問題が、最重要課題である。執筆する際、個々の参加者の言葉を引用したり彼らについて書いたりするときは、それぞれの参加者に敬意をもって言葉を選択しなければならない。このとき、多様性を反映して述べなければならない。人に対する偏見のある言葉を避け（たとえば、エスニック・グループのメンバーであることや年齢を理由にした偏見）、そしてレッテルの使用に敏感であること。知見を正確に再現し、読者の期待に添うように（わずかでも）修正を加えることのないように。どのように進めて結論に達したかの透明な説明を与えるようにすること。上述したように一般化には注意深く、また使用する語句にも注意深くあること。研究結果を参加者に返したいなら、このステップを慎重に計画すること。読者にとって適切な提示のレベル（そして区別のレベル）を見つけること。ただ類型を科学的に提示するだけでは混乱させる。つまり、参加者たちに馴染んだ考え方を超えた解釈をつきつけるのは、いらだたしかったり辛かったりするかもしれない。したがって、フィードバックの手続きを注意深く計画すること！

キーポイント

- 質的研究における倫理は、規範で規制することができるような、一般的で抽象的な問題に止まらない（それも重要な貢献をするが）。
- 質的研究において倫理的問題は、研究デザインで述べたいくつかの段階で、また研究過程のあらゆるステップで、生じる。
- 研究倫理の主要な部分は、フィールドと、そこにおける具体的な人との接触と、データの扱いにおいて研究者が直面する倫理的ジレンマにある。
- フィールドとの直接的な関係を超えてプロジェクトを倫理的に健全なものにするのは、データが分析され、提示され、おそらくはフィールドに返される、そのやり方である。

さらに学ぶために

以下の論文は質的研究の倫理的問題をより詳しく扱っているが、「SAGE 質的研究

キット」の他の巻も、それぞれの方法上のアプローチに関して詳しく扱っている。

Christians, C. G. (2005) 'Ethics and politics in qualitative research', In N. Denzin & Y. S. Lincoln (Eds.), *The SAGE Handbook of Qualitative Research* (3rd ed.). Thousand Oaks, CA: Sage, pp.139-164.

Flick, U. (2006) *An Introduction to Qualitative Research* (3rd ed.). London: Sage (chap.4).

Hopf, C. (2004) 'Research ethics and qualitative research: an overview', In U. Flick, E von. Kardorff & I. Steinke (Eds.), *A Companion to Qualitative Research*. London: Sage, pp.334-339.

Punch, M. (1994) 'Politics and ethics in qualitative research', In N. Denzin & Y. S. Lincoln (Eds.), *Handbook of Qualitative Research*. Thousand Oaks, CA: Sage, pp.83-97.

訳者補遺

能智正博 (2013)「質的研究の倫理」やまだようこ・麻生武・サトウタツヤ・能智正博・秋田喜代美・矢守克也（編）『質的心理学ハンドブック』新曜社、pp.71-95.

サトウタツヤ (2007)「研究デザインと倫理」やまだようこ（編）『質的心理学の方法――語りをきく』新曜社、pp.16-37.（サトウタツヤ (2013)『質的心理学の展望』新曜社、に再録）

好井裕明 (2013)「質的研究者の実践としての倫理」やまだようこ・麻生武・サトウタツヤ・能智正博・秋田喜代美・矢守克也（編）『質的心理学ハンドブック』新曜社、pp.381-399.

8章　言語データ

はじめに
インタビュー
フォーカスグループ

この章の目標

- 質的研究における言語データを生み出す主要な手法について、初歩的な方向づけをもつ。
- これらの手法を使用する際の、研究デザインに関する問題がわかる。
- 質的研究においていつどの手法を使うかについて、いくつかの方向づけをもつ。

はじめに

本章と次章では、質的研究のもっとも重要ないくつかの手法について簡潔に紹介する。その目的は、質的研究や、たとえばインタビュー法の基本的な紹介をすることではない。それは他の入門書にゆずろう。そのような入門のためには、「SAGE 質的研究キット」の他の巻を当たってもらいたい（比較の観点から書かれたより包括的な紹介としては、Flick, 2006 参照）。ここでは、デザインの問題に焦点を当てる。本章の目的は、研究デザイン作りの問題を個々の手法と関連づけることで、「キット」の他の巻（Angrosino, 2007; Banks, 2007; Barbour, 2007; Gibbs, 2007; Kvale, 2007; Rapley, 2007）への方向づけを与えることである。

一般に、質的データの収集やその産出において、それぞれのアプローチが生み出すデータの種類を基準に考えるなら、基本的な方法論的アプローチを以下の４つに要約することができる。

- 第一のものは、インタビューにおいて、またナラティヴを語るよう刺激する際やフォーカスグループで、言語データを引き出すことに主な焦点がある。そこで分析されるデータは、主に録音されたインタビューやフォーカスグループのトランスクリプトである。
- 第二のアプローチは、エスノグラフィーや観察（多くの場合参与観察）で観察された事柄の記述を生み出すことに主な焦点がある。そこで分析されるデータは主に、いくぶん広範囲にわたるフィールドノーツやメモなどである。
- 第三のアプローチは主に、テクストやファイルや写真や映画等のドキュメントを、質的な社会科学的データに変えることに基づく。そのようなドキュメントは研究の中で、あるいは研究のために作られる場合もあるが、多くの場合現存するドキュメントが使われる。この場合分析されるデータはテクストのコーパスであり、時には視覚的資料のコーパスである。
- そして最後に、他の３つのアプローチの１つによって生み出された資料の分析に基づくアプローチがある。この場合こうした資料は、よりコード化志向の視点や、ナラティヴ分析やディスコース分析、会話分析の視点で分析される。

　本章を含む以下の３つの章で、それぞれのデータ収集の手法を、研究視角、リサーチクエスチョン、サンプリング、比較、一般化、トライアンギュレーション、質と執筆、資源、障害、基本的デザインと倫理といった、これまでの章でふれたデザインの主要な問題に沿って述べ、その使用の一例を簡潔に説明する。その後で11章で、さまざまな手法について比較の視点から考える。

インタビュー

　インタビューは質的研究の主要な手法の１つである。インタビューにはさま

ざまなやり方がある（Kvale, 2007 参照。より詳しい入門と概説としては Rubin & Rubin, 1995 参照）。ほとんどの場合、個々のインタビューは、その状況で取り組むトピックを含むインタビュー・ガイドに基づいて行われる。通常インタビューは1度だけの参加者との出会いに限定されており、インタビュイーになる可能性のある人に電話で、あるいは直接事前に接触して研究に参加するよう頼み、インタビューのために会う約束をしてからなされる。しかし、縦断的研究のように、インタビューが繰り返されることもあれば、研究結果をチェックしてもらうために、研究者が参加者の元へ再度やって来ることもある。

　1度直接会い、インタビュイーは1人で、多少とも開かれた対話で一連の質問に答える、といったこの古典的なインタビューの形の他に、特別な形のインタビューもある。1つは大勢の人たちと同時に行うグループ・インタビューで、質問に答えてもらうことに基づいている（これはフォーカスグループとは違う）。インタビュイーたちには質問に答えることを期待せず、その代わり彼らの人生の物語や病気の物語等を話すことを求めるのがナラティヴ・インタビューであり、その行い方についても広範な文献がある。また、こうしたアプローチの組み合わせ、つまりナラティヴな部分と質問−答えの部分からなるインタビューもある（エピソード・インタビューについては、Flick, 2007 参照）。最近では、電話インタビューやインターネット・インタビューのように、遠距離の人びとにインタビューするために、コミュニケーションのためのメディアを使用することがあるが、こうした形のインタビューは標準化された質問フォーマットに基づくことがしばしばある（しかし Flick, 2006, chap.12 の質的な例を参照）。より専門化された形のインタビューもあり、観察の一部としてのエスノグラフィー・インタビューや、専門的なターゲット集団にインタビューする専門家インタビューがそれである。ほとんどの場合、インタビューは録音され、分析のために文字化される。

　研究デザインに関してルビンとルビン（Rubin & Rubin, 1995）は、最初に計画を練って後はただ実行するのみ、というのではなく、柔軟で反復的で継続的なデザインを勧めている。柔軟なデザイン*が意味するのは、研究の進み具合とフィールドで接触しやすく興味深いと思えたものに、インタビュイーの選択や、時には質問も合わせることである。反復デザインが意味するのは、サンプリング計画と個々のインタビューの焦点を数回、またいくつかの段階で変え

る——たとえばサンプリングや質問の焦点を狭くしてゆく——ことである。継続的デザイン*が意味するのは、研究過程を通して再デザインすること、つまりデザインを適応させ改善することである。ルビンとルビンは、後のインタビューで新しい質問や話題を含めることさえも勧めている。

研究視角と理論

インタビュー調査の焦点は（主に）参加者の個人的経験であり、同様の状況にある人びとの経験を理解するのに適切であると見なされる。癌患者の個人的ナラティヴは、癌とともに生きる生き方の一例として集められ、分析される。クヴァール（Kvale, 2007）が示すように、インタビューの状況はしばしば知識構成の場と見られる。インタビューでは（その正しさを判定することができる）いまある知識の再生産や表現を見出すだけでなく、話題についてのやり取りも見出されるのであり、これもこの状況で生み出される知識の部分である。

インタビューを使うほとんどの研究の理論的背景は、ある程度は象徴的相互行為論——人びとは自身の人生について振り返るということ、そしてこの振り返りの理解のしかたとして、この意味生成の形に接近することができるということ——の伝統の中にある。たとえば慢性疾患をより良く理解するためには、病いをもつという経験について訪ね、振り返ってもらい、それからこうした振り返りを比較して理論を発展させるのが実り豊かな方法である。

リサーチクエスチョン

インタビューでわれわれは、個人的な事柄や、より一般的な事柄（たとえば社会問題、政変、歴史的出来事）の個人的経験や意味生成の問題に取り組むことができる。インタビューでわれわれは、「何」と「いかに」の問題に取り組むことができる（インタビュイーにとって慢性疾患とは何か、病気とどのように暮らしているか、など）。ナラティヴ・インタビュー（インタビューのナラティヴ部分）でわれわれは、何かがどのように始まり、展開し変化したのかを尋ねることができるが、「なぜ」やその何かへの態度の問題に取り組むことはできない。これには焦点化された質問で取り組まれなければならない。インタビューでは観察のように、やり取りの過程や実践に直接アクセスすることはできないが、参加者の1人であるインタビュイーのバージョンと報告を受け取る

ことはできる。

サンプリング

インタビューのためのサンプリングは、適切な人たちを見つけることに向けられる。適切な人たちとは、この研究に関連する経験をしたことのある人たちのことである。ほとんどの場合サンプリングは目的的であり、ランダムなサンプリングや形式的なサンプリングはむしろ例外的である。またインタビュイーは、自分の経験を振り返り、その振り返りを言語化し、そしてインタビューされる時間を用意することのできる人でなければならない。インタビュー研究では個々の参加者が事例と見なされるが、たとえば特定の病気の経験をもつたくさんの人たちのような、事例集団を探すこともよくある。サンプリングがジェンダーや年齢や職業のような特定の基準に基づいて方向づけられることもよくあるが、より反復的なサンプリングも見出せる。ルビンとルビン（Rubin & Rubin, 1995, chap.4）は、調査の最初に知識のある人たちを発見することに始まり、（さまざまな種類の人たちを選択することによって）さまざまな観点を探し、結果とその範囲を広げるために特殊な事例や人を探すまでの、インタビュイー選択の諸段階について概観している。多くの場合インタビュー研究のためのサンプリングは、多様な事例と経験を見つけること、そして時には比較のために類似した事例を見つけることと言える。

クヴァール（Kvale, 2007）が強調するように、インタビューにおけるサンプリングはインタビューする人を見つけたり選んだりすることを意味するだけでなく、資料の中に適切な部分を見つけることも意味する。このことは文字化についての決定や、さらには全体としてのインタビュー内容の分析と理解にも言えることである。

比　較

インタビューを使った研究でも、さまざまなレベルから比較を始めることができる。たとえば数名の人の病気ナラティヴを事例として、インタビューを互いに比較することができる。それから病気へのうまい対処のしかたと失敗した対処のしかたという類型を立てることができる。また、その経験や問題への、男性の対処法と女性の対処法を比較するというような、より集団を志向した比

較をすることもできる。よくあるのは、特定の質問へのさまざまなインタビューイーの答えや、さまざまな参加者によるナラティヴの一部を比較することによって、低いレベルでインタビューの比較を始めることである。こうした比較はその後、たとえばジェンダーや年齢といったサンプル内の下位集団を区別する他の特徴に結びつけることができる。インタビューの他の形式の比較は、1事例内の比較である。インタビューイーの健康の定義はどのようなもので、日常生活の中での健康問題への対処のしかたについてはどのように語るか？ その後で、いくつかの質問への答えや、同じインタビューイーによる答えとナラティヴが比較される。

一般化

インタビューからわれわれは、いくつかの形の一般化*がもたらされると期待できる。第一のものは、内的一般化*である。つまり、インタビュー状況で述べられたことは他の状況でインタビューイーが考えたり話したりすることに一般化することが可能だ、とある程度まで仮定することができる。使用されたサンプリング手法によっては、知見をインタビューイーたちと似た状況にある人びとにまで一般化することが可能である。ここでクヴァール（Kvale, 2007）は、統計的一般化（少数の参加者と意図的サンプリングによるインタビュー研究ではあまり一般的でなく、また可能なものでもない）と分析的一般化（analytic generalization）を区別している。後者では、インタビューイーから得た結論を他の人たちや他の状況にどの程度まで当てはめることができるか、に関して判断がなされる。インタビュー結果の一般化のためにルビンとルビン（Rubin & Rubin, 1995, pp.71-76）が勧めるのは、結果の限界を広げることができる他のインタビューイーを選ぶこと、完全さの原則に基づいて研究の方向づけをすること、飽和（これ以上インタビューをしても、新しい洞察や視点を付け加えることがないこと）に達するまで結果の類似性と相違を吟味すること、である。

トライアンギュレーション

ほとんどの場合インタビューは単独の方法として用いられるが、さまざまな形のトライアンギュレーション*も見られる。インタビューは質的研究において、質問紙調査のような量的研究ともっとも頻繁に組み合わせて使われる手法

である（たとえば Flick, 2007 参照）。またインタビューを、エスノグラフィー（インタビューはエスノグラフィーの「基本的な」戦略の一部になる）のような質的なアプローチや、参与観察やフォーカスグループとともに用いるトライアンギュレーションもある。また、たとえばエピソード・インタビューで行われるナラティヴ部分と質問－答え部分のように、インタビュー内での手法内トライアンギュレーションもある。

質

インタビューにまつわる質の問題についての非常に広範な考察を、クヴァール（Kvale, 2007）に見ることができる。インタビュー研究では、インタビュイーの話したことをチェックしてもらうために、それをインタビュイーに返すという、コミュニケーションによる妥当化＊やメンバー・チェックが比較的よく使われる。この文脈で生じる緊張は、標準化と開放性のバランスをインタビュアーがどれほどうまく保つかと、インタビューのスケジュールをいかに柔軟に用いるか、である。ここで研究者は、全インタビュイーから（比較と分析の点で）同様の情報を集めることと、1人のインタビュイーのニーズと状況を満たすことの間のバランスを見つけなければならない。ここで必須の課題となるのは、いつどのように探り、より深いところに入り、インタビュイーがそれまでどちらかというと避けていた話題を持ち出すか、である。

執筆

エスノグラフィーにおいても、書くことは、研究者が「そこにいた」ことを記録する（そしてそう納得させる）機能と、読者に「そこにいる」ことの意味がわかるという印象を与える機能をもち、したがって大いに文脈と記述に焦点が当てられる。インタビュー研究で執筆のもつ課題は、研究課題に関してインタビュイーが話したことについて、読者に情報を与えることである。ここで大きな問題となるのは、提示する資料の選択である。というのは、インタビューを全部読むことやインタビューの長大な抜粋を読むことは、多くの読者にとって負担になりすぎるからである。クヴァール（Kvale, 2007）が強調するように、研究者は自分の調査について書くとき、読者のことを念頭に置くべきである。彼は、提示する引用をどのような文脈に置くか、引用をどのように読みや

すく、同時に真正なものにするか、が問題であると考えている。ルビンとルビン（Rubin & Rubin, 1995）も同様の問題に取り組んでいるが、インタビュー研究の報告にはインタビュイーの生活世界についての印象を与える必要があること、また執筆において重要なことは調査をどのように信頼できるものにするか——インタビューから引き出された結論が資料に根拠を置いており、その結論は他のものより適切であることをどのように示すか——であると強調している。

基本デザイン

インタビューは、さまざまな基本デザイン*の中に埋め込むことができる。生活史やナラティヴのようなインタビューを事例研究や比較デザインで使った、多くの遡及的研究を見出すことができる（たとえば、Kvale, 2007 参照）。インタビューは縦断的デザインに埋め込むこともでき、インタビュイーの元にある時点で戻って同様の（あるいはまったく同じ）質問を再度することができる。

資源と障害

インタビュー研究を行うためにはいくつかの資源が必要であり、少なくともあれば役に立つ。研究者はインタビューの専門的技能を研究で使えるようにするか、調査チームのメンバーの専門的技能を開発しなければならない。この専門的技能には、どのようにインタビュー・ガイドと質問を適用するか、いつどのように探り*を入れるか、いつどのように新しい話題に入るか、なども含まれる。この目的のためには、インタビュー訓練が役に立つだろう（インタビュアーと、インタビュイーを演じる調査者で、「実際の」質問を使ったロールプレイを行う。このロールプレイを録画してテープを見て、そのやり取りや答えや探りの入れ方の可能性をチーム全員で分析する）。インタビューの重要な資源の1つは、文字化に熟達した人がいることである。研究の計画を立てる際、このための資源をもつことが必要である——調査チームに十分な時間があるか、あるいは、これを行う外部の人間に支払う資金があるか。どちらの場合でも、文字化は資源のかなりの部分を費やすものである。この段階を容易にし、結果をより良いものにするためには、良質の録音装置があることが必要である。

この文脈で、「適切な」インタビュイーを見つけることが問題となる。なぜなら、多くの場合、研究を計画しているときに研究者が想定していた人たちに

アクセスすることが驚くほど困難であることが判明するからである。この段階と、実際のインタビューのための約束をすることに十分な時間をとることが重要である。しかし、インタビュアーが、現在インタビューしている人物が「適切な」人でなく、対象者となりそうなインタビュイーが想定していたよりも少ないことに気づくことも実に多い（インタビュー計画のこうした実際的な問題については、Kvale, 2007 および Rubin & Rubin, 1995 参照）。

倫 理

あらゆる研究で、インフォームド・コンセントは義務と言える。しかし、特に子どもや高齢者や病気の人にインタビューをしたい場合にそうなのだが、参加者から直接承諾を得ることが困難なことが時にある。そのような場合、代わりに誰に承諾を頼むべきかを考えねばならない（Flick, 2006, chap.4 参照）。この状況での主要な問題は、われわれが作り上げる必要のある、インタビュイーとの関係である。ルビンとルビン（Rubin & Rubin, 1995）はこの文脈で、会話上のパートナーシップについて語っている。ここで問題になるのは、インタビュアーとインタビュイーの両者が微妙で場合によっては当惑するような問題について話すことができ、同時に調査者にとってはインタビュイーが誤った期待を抱くのを避ける、インタビュイーとの十分親密な関係にどのようにして至るか、である。両者にとってこの関係は独特なものである（調査であって、セラピーや友情といったものではない）ことが明確でなければならず、インタビュイーに調査者によって「秘密を暴かれた」とか「侮辱された」との感情を与えないようにしなければならない。

もう1つの問題は、秘密保持である。インタビュイーの匿名性が調査過程を通して保たれ、そして出版物においても保たれるよう、研究者がどのように配慮するか、である（倫理とインタビューについてより詳しくは、Kvale, 2007 参照）。

実 例

ホームレス青年のもつ健康概念についてのプロジェクト（Flick & Röhnsch, 2007）で、私たちは青年たちにエピソード・インタビュー（Flick, 2007）を行った。リサーチクエスチョンは、こうした青年たちはどのように路上で生活し、

健康問題にどのように対処し、保健システムに助けを求めるのにどのような経験をしているか、というものだった（この研究におけるサンプリングについては、すでに4章で述べた）。インタビューは、具体的な、焦点化された質問（たとえば、インタビュイーにとって健康とは何を意味するか）と、特定の状況と経験に焦点を当てたナラティヴを引き出す刺激を組み合わせたものだった。インタビューを行うためにインタビュー・ガイドを開発し、青年たちに健康概念と、健康に関する経験、健康問題、それに健康問題への対処法を尋ねた。彼らに、そうした経験に関する状況について説明してくれるよう求めた。インタビュー・ガイドには、いくつかの話題が含まれる。

- インタビュイーはどのようにして路上生活をするようになったのか。
- 彼らの健康についての主観的な定義。
- 現在の状況（住居、金銭上の問題、食事）と、それが健康にもたらす結果。
- 健康問題とリスク（ドラッグ、アルコール、セクシュアリティ）をどのように扱っているのか。

インタビュイーにどのように路上生活を始めたのかを詳しく話してくれるよう頼んだ後で、たとえば次のような質問をした。「あなたにとって、健康とはどのようなものですか？」、あるいは「あなたは自分が健康だと、どのようにしてわかりますか？　私にそのことがはっきりわかるような状況を、話していただけませんか？」私たちは以下のような答えを受け取る。

> いまんところ健康だと思うよ。えっと、何をするか自分で決められるし（…）、いまんところ、単純に健康だと思ってる。だって痛みを感じないし、それにもし痛みを感じたって、健康だって思います。だって、自分は死にたくないってことを知ってるし（…）。もし全部の時間そのこと、「死んじゃいそうだ」ってことを考えていたら、とにかくいまより病気だって思うだろうね。

私たちは（一般化の一方法として）経験の類型を開発するために、これらの発言を取り上げて事例（青年たち）を比較し、そしてインタビュイーたちが

ホームレスの仲間たちとたむろしている公共スペースで参与観察し、インタビューとのトライアンギュレーションを行った。インタビュー・ガイドの質問は話を方向づけるための要点であるが、このようなインタビューの質の問題に大きくかかわるのは、インタビュイーに経験を打ち明ける余地を与え、またインタビュアーとの関係を作り上げるよう、それぞれのインタビュイーにどのように質問を合わせるかである。結果についての執筆は、この社会的な場において社会的差異がどこにあるのかを示すために、主題（たとえば、病気経験、保健専門家との間で経験した病気経験等）に関連する事例の類型を提示することに基づいている。この研究の基本デザインは、現状の記述に焦点を当てた比較デザイン（スナップショット）であり、また遡及的な部分もある（インタビュイーにとって路上生活がどのように始まり、どのように展開したか）。大きな障害は、インタビューをする青年たちを見つけ、彼らにオープンに話すための枠組みを与えることである。インタビュイーが不法な行為に言及する事例ですら匿名性を保つという問題があるが、それに加えて大きな倫理的懸念は、インタビュイーが苦情や問題を語る場合、それを誰に話すべきかについてのアドバイスを与えることを超えて、インタビュイーが誤った期待を抱くのをどのように避けるかである。

まとめ

インタビューは、比較の視点から事例としての人びととかかわる、たいへん複雑な手法である。それはさまざまな手法と、またさまざまな基本デザインでトライアンギュレーションをすることができる。リサーチクエスチョンは個人的な経験に向けられたものであり、インタビューでの関係の（時間的、個人的）限界にインタビュイーが気づくよう、注意しなければならない。

フォーカスグループ

フォーカスグループも、ここ20年でよく使用されるようになってきた。それは研究のためや、たとえばマーケティングのようなより実用的な目的のために使われている（詳しい概説は、Barbour, 2007 参照）。フォーカスグループについてのたくさんの方法論的な著作が、いくつかの選択肢を含む視点を発展さ

せており、研究者は発見したいものに応じて選択できる。伝統的には、互いに知っている人たちのグループ、フォーカスグループの状況外で互いに関係のある人たちのグループ、グループの前にも後でも互いに出会うことのない人たちのグループのどれかを決定してきたが、しかし最近では、研究者は、たとえばチャット・ルームの参加者や、他にインターネットを通して接触しコミュニケートする人たちを参加者とする、ヴァーチャル・フォーカスグループが試みられている。伝統的なフォーカスグループの使用においては、研究計画を作成するにあたってインタビューやエスノグラフィーとは異なるいくつかの問題が生じる。

研究視角と理論

バーバー（Barbour, 2007）は、ナラティヴを引き出したり態度を測定したりするような目的のためにフォーカスグループを使うべきではないと述べている。フォーカスグループが適するのは、特定の問題についてのあるグループの相互作用を研究したい場合である。フォーカスグループを用いる理論的背景は象徴的相互行為論である場合もあれば、その実践がディスコース分析や会話分析に向けられているアプローチもある（たとえば、Puchta & Potter, 2004; Rapley, 2007 も参照）。

リサーチクエスチョン

マーケティングとは異なり、研究の文脈では、フォーカスグループは、ある問題についての多くの人びとの相互作用に関心のあるリサーチクエスチョンに使うことができる。バーバー（Barbour, 2007）によると、フォーカスグループは、微妙なトピックを研究するために使うことができるし、たとえば標本調査に利点があるような、研究で互いに接触しにくい人たちの意見をまとめるためにも使うことができる。

サンプリング

フォーカスグループを準備するにあたって、サンプリングが基本的に意味するのは、リサーチクエスチョンと意図された比較に応じて、グループを構成することである。比較に関しては、研究にどれほど多くのグループを含めるべき

か、また1つのグループはどれほどの大きさであるべきか、を決定しなければならない。研究関心と目的に応じて、グループが均一な人びとで構成するか多様な人びとからなるものにするかといった特徴についても綿密に計画しなければならない。インタビューと同様に、最初のグループの後で発展ないし修正した基準で数段階のサンプリング計画をするのが役立つことがある（セカンドステージ・サンプリング；Barbour, 2007）。

比　較

フォーカスグループでは、2つの比較のやり方が可能である。たとえば、同じ問題を討論する医師のグループと看護師のグループのように、異なるグループを比較することができる。また、集団内の比較をすることができる（ある討論グループの異なるメンバーの発言でどのような異なる意見が明らかとなったか？）。こうした比較をもっとも効果的なものにするためには、グループとメンバーをよく計画して構成し、選択することが必要である。より複雑なのは、異なるグループ間での個々のメンバーの体系的な比較で、これは個々のインタビューの比較に喩えることができる。フォーカスグループを用いたそのような比較では、グループを単位と考え、また媒介要因として考慮しなければならない。

一般化

したがってフォーカスグループでは、いわゆる統計的意味での一般化は困難である。われわれは集団内での発言の及ぶ範囲について理論的に考える、分析的一般化を適用することができる。また、そのグループにとって、あるいはグループがした討論にとって、そこでの知見がどの程度まで典型的であるかを省察する、内的一般化も適用することができる。外的一般化*は、グループの多様性がいかに作られたかに依存する。グループの多様性、そしてグループ内の多様性が大きいほど、結果の一般性の可能性が高くなる。

トライアンギュレーション

バーバー（Barbour, 2007）は、とりわけインタビューと組み合わせたり、あるいは質的調査の後にグループを行ったりというような、混合方法デザイン

のフォーカスグループの使用に取り組んでいる。私たちの専門家の健康概念についての研究では、結果を返す方法として、およびデータ収集の2つ目のアプローチとして、フォーカスグループを用いた（後述）。

質

討論の録音の質、グループの相互作用の文字化の質、それに良い討論を促し、それを進めかつ焦点づけられたものにし続ける司会者の技能が、ここでは問題になる。サンプリングの質は、研究課題に必要なグループとメンバーの多様性、それに研究課題に適切なグループとメンバーを提供することに関連する。最後に、解釈と分析の厳密性はフォーカスグループでは研究によってまちまちであり、レポートや出版物の読者にその過程を透明なものにすることがきわめて重要である。

執筆

そこでフォーカスグループ研究の結果と意見を報告するとき、グループとその討論過程の状況を記述することが重要と考えられる。話されたことを述べるだけでなく、発言と過程の体系的分析に基づいて報告することも重要である。多くのレポートがフォーカスグループのデータを1回のインタビュー・データのように扱い、フォーカスグループでの発言をインタビューでの発言のように引用・分析している（Wilkinson, 1998）。このようなことはデータの特質を過小評価しているし、また（インタビューと比べて）時にはデータ生成に莫大な努力を要することも過小評価されてしまう。

基本デザイン

1つのフォーカスグループに基づく研究（たとえば、Crossley, 2003）もあるが、多くの場合フォーカスグループは比較研究のために使われる。フォーカスグループは遡及的研究で過去にあった出来事や経験を討論するのに用いることができるし、もちろん縦断デザインの一部にすることもできる。しかし多くの場合、フォーカスグループはスナップショット（ある問題についてのいまの意見の記述）を生み出す比較研究で使われる。

資源と障害

フォーカスグループを用いた研究を成功させるためには、良質の録音機器（マイク数本、音声または映像の良いデジタル・レコーダかテープ・レコーダ）と、文字化のための機器が必須である。グループを組織するのは時に時間がかかる（たとえば、特別な参加者を必要とする場合）。ドロップアウトは避けられない。文字化と分析も時間がかかる。グループの司会者ないしファシリテーターの能力は重要な資源であり、彼らは討論を促し、司会をし、時には議論をクールダウンさせることができなければならない。

倫　理

ここでは社会的弱者の集団（子ども、患者）にこの手法を用いる際には、参加者がその生活状況においてフォーカスグループに参加することが与える影響について特段の配慮が必要であるが、これはフォーカスグループにおいて考えるべき一般的な問題である。たとえば参加者には発言を撤回する機会がある、参加者はこの研究が何についてのものなのかを知っている、というような、調査への参加についての明確で率直な枠組みを用意することも重要である。参加者がなぜグループに参加することに同意したのか、グループ内で起きうるダイナミックスはどのようなもので、何から来るのかについて、よく考えなければならない。これは、グループにさまざまなエスニック集団の人がいる場合に特に問題となりうるが、そうでなくても問題となるかもしれない。

実　例

専門家の健康概念についての研究で、私たちはインタビューに加えて2つの目的でフォーカスグループを使った。まず、われわれの研究課題（日々の実践における健康と予防）を専門家たちがどのように討論するのかを知りたかった。それから、先に行われたインタビューの結果についてのフィードバックを受けたかった。したがって看護師と一般開業医それぞれ数個のフォーカスグループを行った。研究のフォーカスグループ部分とインタビュー部分で同じ参加者を得たかったので、サンプリングはインタビュー部分のサンプリングに基づいた。フォーカスグループのサンプルは、この段階に参加したくない参加者がいたことと、少し前にキャンセルした参加者がいたため、インタビューのサンプ

ルより小さかった。一般化は内的一般化で、外的一般化は非常に限られていた（われわれの意図に沿って）。トライアンギュレーションはインタビューと両ステップ間の比較で、その結果は全体としての研究の質に貢献した。フォーカスグループを使用する基本デザインは、ここでは比較にあった。参加の拒否ないし実際上の問題のために、当初予定していたサンプルのうちの何人かを「失った」ことが、障害となった。討論を専門的に行い、記録するために、あるマーケット・リサーチ研究所から研究室を借りた。結果は全プロジェクトの報告の一部として発表され、私たちの結果が参加者たちの専門的実践に示唆する可能性のあるものとして彼らが討論したものに焦点が当てられた。倫理的な理由のため、それぞれの専門職集団ごとに分けて考察を行い、グループや参加者に専門間の葛藤やヒエラルキーが影響を及ぼさないように配慮した。

まとめ

フォーカスグループは、ある問題を大勢の人たちがどのように討論するかを分析・比較するための手法である。サンプリングの論理はインタビューとは異なり、参加者を選ぶときにはグループの構成を心に留めておかねばならない。ここでの一般化はしばしば限られていて、必ずしも非常に広範なものであることを意図しない。トライアンギュレーションにはインタビューを含めることができるが、他の方法論的アプローチを含めることもできる。

キーポイント

- インタビューとフォーカスグループは、言語データを生み出す別のやり方である。
- 両者とも特定のリサーチクエスチョンと参加者に対して、強みと限界とがある。
- それらはまた、異なるサンプリング、比較、一般化の論理に従う。

さらに学ぶために

以下の著作には、本章で概説した手法がより詳しく説明されている。

Barbour, R. (2007) *Doing Focus Groups* (Book 4 of The SAGE Qualitative Research Kit).

London: Sage.［バーバー／大橋靖史他（監訳）（準備中）『質的研究のためのフォーカスグループ』（SAGE 質的研究キット4）新曜社］

Kvale, S. (2007) *Doing Interviews* (Book 2 of The SAGE Qualitative Research Kit). London: Sage.［クヴァール／能智正博・徳田治子（訳）(2016)『質的研究のための「インタービュー」』（SAGE 質的研究キット2）新曜社］

Puchta, C. & Potter, J. (2004) *Focus Group Practice*. London: Sage.

Rubin, H. J. & Rubin, I. S. (1995) *Qualitative Interviewing*. Thousand Oaks, CA: Sage. (2nd ed. 2005.)

訳者補遺

川島大輔 (2013)「インタビューの概念」やまだようこ・麻生武・サトウタツヤ・能智正博・秋田喜代美・矢守克也（編）『質的心理学ハンドブック』新曜社、pp.294-306.

徳田治子 (2013)「インタビューの方法」やまだようこ・麻生武・サトウタツヤ・能智正博・秋田喜代美・矢守克也（編）『質的心理学ハンドブック』新曜社、pp.307-323.

9章　エスノグラフィー・データと　　ビジュアル・データ

はじめに
エスノグラフィーと観察
ビジュアルな手法

この章の目標

- 質的研究におけるこの分野での主要な手法の最初の概観を得る。
- これらの手法を用いた研究のデザインにかかわる特別な問題について理解する。
- 質的研究においてこれら手法のどれをいつ使うのかについての、方向づけを得る。

はじめに

　前章で考察した手法が目的にしているのは、言語的なやり取りを促し、話された言葉に基づくデータを得ることである。これのメリットは、インタビューでもフォーカスグループでも、明確な焦点があることと、多くの場合一度きりの参加者との出会いに限られることである。デメリットは、プロセスと実践に直接的アクセスすることはなく、これらについての説明や報告やナラティヴが与えられるだけであることである。2つ目の限界は、社会的現実の視覚的な部分に焦点が当てられないことである。本章では、この両方向に焦点を広げよう。これまでの章でふれた主なデザイン上の問題の下で、まず観察とエスノグラフィーを、次にビジュアルな資料へのアプローチを、簡潔に考察しよう。

エスノグラフィーと観察

エスノグラフィーはかなり包括的かつ複雑な戦略であり、もともとは開かれたフィールドや組織での参加と観察に基づいていた。エスノグラフィーの定義の多くは、フィールドにいて、何らかの習慣（や役割）に参加する長期間の観察に加えて、いくつかの手法を柔軟に使用することを強調している。最近では、役割をとること、アクセスを見つけること、データを収集することから、何を経験し、フィールドの分析で何を見つけたかについて書くという問題への変化を見ることができる。エスノグラフィーをどのように行うのかの記述は、他の形の質的研究のための示唆よりも方法論的に定式化されていない。しかし、このタイプの研究のための研究デザイン、計画、サンプリング等といった本書の課題を真剣に取り上げている、エスノグラフィーと観察の入門書を見つけることもできる（たとえば、Angrosino, 2007; Hammersley & Atkinson, 1995）。エスノグラフィー調査の計画の可能性について、ハマーズリーとアトキンソンが言及していることを、われわれは心に留めるべきかもしれない。

> … 現在読むことのできる多くの調査に関する伝記出版物を読めば確証されるように、調査はプログラムすることができないという事実、その実際は予期されない事柄で溢れているという事実がある。それどころか、あらゆる調査はその状況における判断の実行を必要とする実践的な活動である。それは単純に方法論上のルールに従うといった問題ではないのである。(Hammersley & Atkinson, 1995, p.23)

研究視角と理論

アングロシーノ（Angrosino, 2007）が詳細に示しているように、エスノグラフィーは出発点として多くの理論的視角をとることができる。しかし多くの場合エスノグラフィーは、社会状況のプロセスに参加することと、それがどのように展開するのかを観察することによって、その状況の作られ方を分析することに関心がある。今日では多くの場合、エスノグラフィーは構成主義的視角とポストモダンな視角に結びついている。

リサーチクエスチョン

問題をより詳しく定義する、どのようなサイトなのか、どのような人たちなのかを確認する、あるいは手法をより定式化したものに発展させるため、というように、エスノグラフィーもいくつかの目的のために使うことができる（Angrosino, 2007）。エスノグラフィーのより的確な使用は、社会的プロセスを文書に記録することである。エスノグラフィーのリサーチクエスチョンは、（主に）観察対象のいまここの問題とプロセスに取り組むものでなければならない。過去に生じたプロセスは、現在の実践に影響する社会制度や記号、また慣行の展開その他に残された跡を通して取り組むことができる。

ハマーズリーとアトキンソン（Hammersley & Atkinson, 1995）が好むのは、マリノフスキー（Malinowski）から借りた「前提となる問題*（foreshadowed problems）」[訳注]で、これは、リサーチクエスチョンとして理解されているものを別の文脈で述べる語で、これを起点として現在のプロジェクトで研究される問題を発展させるのである。

サンプリング

アングロシーノ（Angrosino, 2007）が言うように、サンプリングとサンプル・サイズは、研究する集団と研究者がもつ資源に依存する。しかし観察では、（インタビューやフォーカスグループと比べると）サンプリングの焦点となるのは集団や個人ではなく、サイトや状況である。それと同時に、彼の4つの示唆がサイトの選択に役に立つだろう。サイトは、そのサイトで研究課題と出会うと期待できるところであるべきである、サイトは可能なら、既存の研究で研究されたサイトと比較しうるサイトであるべきである、サイトはアクセスがそれほど難しくないところであるべきである、そしてそれほど負担を負うことなくそのサイトに身を置くことができなければならない（Angrosino, 2007）。アングロシーノは「サンプリング」の語をエスノグラフィーの一部としてのインタビューの文脈で使っているが、ハマーズリーとアトキンソン（Hammersley &

[訳注]「前提となる問題」は、マリノフスキーの『西太平洋の遠洋航海者』の序論にある語。彼はこの語を使うことで、先入観に固執すること、フィールドで何らかの仮説を検証しようとして自分の見方を変えられないことを、退けている。

Atkinson, 1995, p.42）は、事例の戦略的なサンプリングの形を勧めている。これは、事前に発展させた理論を検証したり確証したりする場合に、特に勧められる。これらの著者はサイトを研究することについてどちらかというと懐疑的で、したがってサンプリングの可能性についてもそうである。なぜなら、「エスノグラファーが、要求される状況の正しい本質を特定する立場にいることはめったにない」（Hammersley & Atkinson, 1995, p.37）からである。同時に彼らは、（サンプリングされる）状況を、「数多くの視点から研究される可能性のある諸現象が生じる、指名された文脈」と定義する。「事例とは、ある特定の視点から見られたこうした諸現象のこと」（p.41）である。したがってハマーズリーとアトキンソンは、事例の（戦略的）サンプリングと、時間、人びと、文脈の3つの主要次元に沿った事例内のサンプリングを主張する。

　実証的資料を選択するこれら2つのアプローチに従うなら、エスノグラフィーのサンプリングは3つのステップからなる過程である。

- 第一ステップは、研究すべき問題と出会いそうなサイトを選ぶことである。可能なら、比較できるようにいくつかのサイトを選ぶ。
- 続いて、このサイトで事例の（戦略的な）サンプリングをするのが第二のステップで、これが意味するのは、サイトを見る視点を減らし、リサーチクエスチョンに答えるのにサイトの何が関連しているかという視点をとることである。
- 第三のステップは、事例内のサンプリングをすることである。これが意味するのは、その事例内で異なる時間次元に位置している人びとと出来事を探すことと、その事例における出来事やその事例内で行為している人びとのさまざまな文脈を探すことである。

　エスノグラファーは24時間観察したり参加したりすることができないし、同時にあらゆるところにいることもできないので、時間志向サンプリングと文脈志向サンプリングは必須である。そのためエスノグラフィーがうまく行くための主要なステップは、観察の適切な瞬間と文脈を見きわめることである。観察したり話したりする最適な人たちを選ぶために、研究者はまず標準的な人口学的特徴（年齢、職業、ジェンダー等）を使うが、後により敏感な「観

察者によって識別されたカテゴリー（observer-identified categories）」や「メンバーによって識別されたカテゴリー（member-identified categories）」を発展させることによってサンプリングを洗練させる（Lofland, 1976. Hammersley & Atkinson, 1995, p.50 の引用による）。この区別は、フィールドで研究者が自身の経験から発展させる（取り組むべき人や状況がどのようなものかの）カテゴリーか、フィールドでのメンバーたちの示唆や言及から得られるものか、の違いである。

比　較

エスノグラフィーでの比較は、サンプリングについてこれまで言われて来たことと同様、さまざまなレベルに関係している。もっとも複雑なレベルは、異なるサイト間の比較である（多数のサイトでのエスノグラフィー＊（multi-sited ethnography）として発展してきたもの。Marcus, 1995 参照）。第二のレベルは、1つのサイト内部での比較である。さまざまな出来事、状況や文脈が、リサーチクエスチョンの観点から体系的に比較される。第三のレベルは、人びとに関係する。あるフィールドにおいて、（リサーチクエスチョンに答えるのに適した）問題に関係のある、さまざまな形の行為、さまざまなタイプの行為とはどのようなものか。意図された比較は研究計画に影響する。つまり、比較可能なやり方で、あるいは関連する設問に答えるためにデータの比較を可能にするようなやり方で、何を選び、データを集めるべきかに影響する。しかし一方では、比較はデータを多少とも体系的に分析する際の重要なステップでもある。

一般化

エスノグラフィーは事例研究としてしばしば計画され、行われる。つまり、ある特定の問題や設問が、ある特定の文脈で（時にはこれはある文化やある国だったりする）研究される。したがって他の文脈への一般化はしばしば困難であるし、必ずしも意図されない。エスノグラフィーが意図するのはむしろ、研究された事柄の非常に詳細な記述である。この文脈では、マックスウェル（Maxwell, 2005, p.115）が行った「内的一般化」と「外的一般化」の区別が特に的を射たものになる。ある事例内の何らかの実践の詳細な記述を与えることは、少なくともその記述された実践がこの事例にとって、あるいはその事例

におけるいくつかの側面にとって典型的であるという、潜在的な基礎をもつ。これが意味するのは、そうした実践はたんなるたまたまの出来事ではないということである。1つの例を与えるということは必ず、より広い何か、より一般的な何かを指し示すことに基づいている。したがって、エスノグラフィーではあらゆる記述のうちに（あるいは他の形のデータの分析的提示と解釈のうちに）、内的一般化があるのである。一方、他の事例への、あるいはあれこれの実践の一般的な行い方への外的一般化が、必ずしもエスノグラフィーの事例研究に結びつくわけではない。

トライアンギュレーション

エスノグラフィー研究の多くの例に、どちらかと言うと暗黙のトライアンギュレーションを見ることができる（Flick, 2007, chap.6 参照）。フィールドの条件と選択肢に応じて、観察、インタビュー、ドキュメント分析、それに他の形のデータ収集がプラグマティックに、そしてしばしば多少とも体系的に、フィールドで組み合わされる。それゆえアングロシーノ（Angrosino, 2007）は、良いエスノグラフィーとは、多数のデータ収集技法を用いたトライアンギュレーションの成果であることを強調している。

質

エスノグラフィーの質を示すものは、何と言っても研究者の長期間にわたる参加*である。これが研究者に、実際に「そこに」いたという主張、そしてフィールドと研究課題の十分根拠のある理解を発展するのに十分長くいたという主張を許すのである。第二に、エスノグラフィーの質の基準は、手法の柔軟な使用である。研究者は研究課題とフィールドのより完全な姿を描き出すために、あらゆる種類の方法論的アプローチを使ったか？　エスノグラフィーの質の査定の第三のレベルは、執筆のレベルにある。研究者は調査したことと発見したことの説明を作り出し、報告していることをどのように見つけたのかという点でも、読者に対して透明であるか？（この問題については、Lüders, 2004bも参照。）この文脈でアングロシーノ（Angrosino, 2007）は、マイルズとヒューバーマン（Miles & Huberman, 1994）が発展させた質の指標の包括的リストを参照し、この指標をより詳細にエスノグラフィーに適用している（質的

研究の質全般については、Flick, 2007 も参照）。

執　筆

　すでにふれたように、執筆はエスノグラフィーにとって、その質の問題に答えるのと同様に中心的な問題である。エスノグラフィー調査の報告のさまざまな形やスタイルについては広範な議論があり（Clifford & Marcus, 1986 や van Maanen, 1988 参照）、それは、叙述と現実、著者性とフィールドやメンバーに声を与えること、それにこの文脈で何が適切か、といったより根本的・認識論的な問題と結びついている。エスノグラフィーのプロジェクトについての報告をどのように計画し構成するかの具体的な示唆は、アングロシーノ（Angrosino, 2007, chap.7）が行っている。この文脈で彼は、映画や展示やウェブ上の提示といった、書くこと以外の形のエスノグラフィー研究の提示についても考察している。

基本デザイン

　エスノグラフィーはしばしば基本デザインとして、事例研究を使う。それはほとんど、あるサイトか、あるいはあるサイトにおけるある問題の、現在の状態の記述と考えられる。研究者の長期間にわたる参加のため、エスノグラフィーはある点では縦断的研究に近くなるが（たとえば、長い年月をかけたデータ収集）、別の点ではそうではない（たとえば、一定の期間の後にフィールドや参加者の元を訪れるが、「同じ」問題を再度取り上げるための調査ではない）。比較研究として行われたエスノグラフィーを見ることもあるが、これはむしろ例外的である。エスノグラフィーの核心は参加と観察の使用であるから、エスノグラフィーは以前の時期にあったことに直接取り組むことができない。他のアプローチと同様、エスノグラファーは過去の出来事を調べるためにインタビューを使うことができる。したがってエスノグラフィーの基本デザインは、調査時に存在しているもののプロセス分析の形の事例研究である。

資源と障害

　エスノグラフィーがうまく行くためには、柔軟性や適応性、それに状況対応能力が不可欠である。柔軟性がさまざまな手法を同時に用いることを指すなら、

研究者はさまざまな手法の経験が豊かでなければならない（これが時にはまったくの難問である）。もう1つの必須の資源は、データ記録のための用具である。これのもっとも基本的なやり方ではフィールドノーツをとるための用具であり、より綿密なアプローチでは関連する状況を録画・録音するための機材である。

　この文脈での主要な問題は、研究するサイトへさまざまなしかたでアクセスすることである。研究にとって最適なサイトは、研究資金からすると遠すぎるかもしれないし、言語上の問題のためアクセスしがたいかもしれないし、サイトとして確定しにくいかもしれない（開放性のため、境界がない）、などである。こうした全般的なアクセスの問題の他には、研究者がフィールドに入るに当たって問題に直面するかもしれない。それはメンバーや組織に受け入れられないためだったり、フィールドに研究者を位置づける問題のためだったり（たとえば、観察するための役割が見つけられない）、フィールドの適当なメンバーとラポールを作ることが困難なためだったりする。もう1つの障害は、研究課題が観察に向かないことかもしれない（たとえば、会議でなく電話における意思決定）。最後に、エスノグラフィーでは、ゴーイング・ネイティブ[訳注]とフィールドに十分入り込むことが調査にとって永続的な緊張関係にあるので、距離の扱いと、参加して一メンバーになる能力が、資源としても障害としても中心にある。

倫　理

　観察研究では倫理は、他の形の（質的）研究と比べて2つの点で特に問題になる。エスノグラフィーは、たとえばインタビューよりも調査状況が確定されていない。したがって研究者は、参加者が研究プロジェクトの対象者であることを知らないという、いかなる形の暗黙の観察をも避けるよう注意を払う必要がある。したがって、参加者たちがあるトピックについての調査の一部になっていることを知らされ、そのことに同意し、そのことを拒否する機会があると

[訳注] 研究者が調査現場に対して、プロとしての距離感を失い、観察の能力を犠牲にしてその場の一員になってしまう状況を表した隠喩的表現。フリック／小田博志監訳（2011）『新版　質的研究入門』春秋社 より。

いう「インフォームド・コンセント」の状況を保つことが、たとえばインタビューよりも困難である。同時に——これが2点目であるが——、たとえばインタビューが質問とそれから研究者との1回の出会いに限定されているのと比べると、エスノグラフィーはより広く参加者の生活に入り込み、参加者を捉えている。したがって参加者のプライバシー（と匿名性）を保ち、尊重するという課題を扱うのが、このタイプの研究ではかなり難しい。このことは、知見を提示し説明するための形式として写真や映画が使われるときにより複雑になるが、これはエスノグラフィーの一般的な問題でもある。

実　例

ホームレス青年と健康に関するプロジェクト（Flick & Röhnsch, 2007）で、私たちがエスノグラフィーのアプローチで追究したリサーチクエスチョンの部分はこうである。「ホームレス青年たちは健康問題についてどのようなコミュニケーションをするのか？　彼らの（観察可能な）健康に関連する実践はどのようなものか？　健康問題に対処する共通するスタイルはあるのか？　健康問題に対処するパターンを見つけることができるのか？」私たちの研究する都市においてこのターゲット・グループに会うことのできるいくつかのサイトが、サンプリングを決定した。サンプリングはいくつかの基準（年齢、ジェンダーなど）によって定義された。そのため私たちはインタビューを用いたトライアンギュレーションにおいて、比較の視点をとった。倫理、およびプロジェクトについての執筆において重要なことは、ドラッグ使用のようなことが明らかとなった場合、参加者の匿名性をどのように守るかである。この調査における質は、どれだけ研究するグループへのアクセスを見つけられるかと、私たちが会話の相手として、そしてそこにいる誰かとして（したがって、観察者であるという状況において）どれだけ受け入れられるかにかかっている。私たちの研究の執筆には、インタビューでの発言の背景の記述と、参加者たちの状況の背景を大まかに述べるためのエスノグラフィーのデータとが含まれている。

まとめ

エスノグラフィーは、集団とそれの自然な状況における諸プロセスを研究するためのアプローチで、手法の柔軟な使用と、フィールド内での、および

フィールドとのたくさんの忍耐を必要とする。データは他の手法より体系的でないことがあるが、それが可能にする記述においてはより全体的でありうる。したがってここでの一般化はしばしば、研究するサイトやフィールドを超えたものというより、その状況内での内的一般化である。

ビジュアルな手法

質的研究には、データとして、あるいはデータを立証するために写真（と後に映画）を使う長い伝統があるのだが、この20年、ビジュアル社会学やビジュアル人類学におけるルネサンスやブームを見ることができる。ビジュアルな資料を使うことや、参加者たちの（リサーチクエスチョンに関連する）生活世界の諸側面を記録するために彼らにカメラを与えることは、参加者たちの目を通してものを見る1つの方法である。基本的に、ビジュアル・データの4つの使い方を見つけることができる。研究者は自分で（フィールド・ノートのような、あるいはその代わりに）ビデオや写真を作って分析することがある。また、研究しているフィールドのメンバーが作った資料を使うことがある（多くは日常生活で生み出されたもので、研究のためではない）。最近の種類のデータは、たとえばウェブ・ページのようなインターネット世界に由来している。最後に、たとえばテレビ番組のシリーズ（連続ドラマ）を使って、それらがどのようにフィールドや話題を表現しているのかを分析することもできる。

研究視角と理論

バンクス（Banks, 2007）は、カルチュラル・スタディーズのようなビジュアル研究の理論的背景のいくつかにふれて、それらをいくつかの側面から再考している。より現象学的な側面、写真・映像の文脈をより考慮に入れるもの、それに権力と写真・映像の関係に焦点を当てるものである。その他、写真・映像の内容における顕在的なものと潜在的なものの関係に関心を抱くアプローチや、背景としてのエスノメソドロジーに関心を寄せるアプローチもある。

リサーチクエスチョン

ビジュアル研究は、内容と形式の問題に取り組む。ある写真・映像の内容は

どのようなもので、それはどのように作られ、伝えられるのか？　伝えられる意味とメッセージはどのようなもので、どのようにそれを見る人たちに向けられているのか？

サンプリング

サンプリングはさまざまなレベルに焦点が当てられる。具体的なイメージは、3章で考察した示唆のうちの1つに従って選択される。写真・映像の製作や使用の文脈は、比較のために使われる。写真・映像の製作者や使用者は、リサーチクエスチョンに関して資料との関係が比較される。テレビ研究では、ある番組のシリーズやシリーズの中からエピソードを選ばなければならないだろう。

比　較

ここでも、ビジュアルな資料を使った比較にさまざまなレベルを認めることができる。写真・映像、制作者や使用者、それに写真・映像が作られたり使われたりする文脈がそれである。第4のレベルは他の3つのそれぞれと結びつけることができるもので、中でも第1のレベルともっとも強く結びつくのだが、それは内容の比較、形式的な構造と手段の比較、両者の関係の比較の区別である。つまり、いくつかの写真・映像の内容は何か、写真・映像を提示するためにそれぞれの事例でどのような手段が使われているのか、実例では内容と手段がどのように関連しているのか、である。

一般化

写真・映像の強みは、それがもつ文脈内での情報の豊富さと、それが運ぶ大量の特定の情報である。これが時には、写真・映像からの、あるいはそれを使った研究からの一般化を困難にすることがある。特にエスノグラフィー映画の伝統は、研究し記録する事例に強い焦点がある。それでも、写真・映像はそれが提示する文脈との特定の関連を反映していても、その分析は、たとえばこの写真・映像やそのセットがどれほど、またどのような点で、特定の文脈にとって典型的なのかを問うことで、一般化を可能にする。

トライアンギュレーション

写真・映像は、時には特定の生活世界へのよりエスノグラフィー的なアプローチという文脈で、しばしばインタビューと組み合わせて使われる。

質

バンクス（Banks, 2007）はこの文脈で、研究の質を査定する2つのアプローチを強調している。（特定の研究課題のための）ビジュアル調査の特有性を保証することと、方法論的アプローチを定式化することによる研究の頑健性の保証である。しかし、質的研究におけるビジュアルな手法の使用の多くはその質を、資料にアプローチし資料を分析する際の柔軟性に依拠している。研究の質のもう1つの特別な次元は、たとえば写真を複写しそれを再生するレベルでの資料の質（プリントないしディスプレイの質）である。

執　筆

ビジュアル・アプローチを適切に提示したいと考えるならすぐに、書かれた言葉の範囲を超えることの困難に直面するだろう。映画はそれ自体で研究結果を提示するメディアになりうるが、もしそれを使いたいと考えるなら、提示するものの匿名性と匿秘性を扱う適切な方法を見つけなければならない。これに特有の問題は、調査で使った写真・映像をどのように提示するかで、たとえば論文を書くのとは違うメディアを必要とするかもしれないからである。写真・映像は言葉より広いスペースを必要とし、同時により多くの文脈を与える。この文脈の多さは、執筆におけるよりも匿名性をより困難にする。

基本デザイン

アプローチとリサーチクエスチョンに基づいて、ビジュアルな手法は事例研究（たとえば、エスノグラフィー映画製作）や比較研究（写真を用いた聞き取り。参加者は写真を撮るよう頼まれ、後でそれについてインタビューされる）で使われる。ビジュアルな手法を縦断的研究で使うことも可能だが、遡及デザインの一部であることが多く、現状と現在の過程を記録するスナップショット・デザインの一部である場合がさらに多い。

資源と障害

　ビジュアル・データを使うことが意味するのは、記録と提示のためのメディアを使うということである。写真の印刷、資料を保管する CD や DVD、ビデオテープなどである。参加者に返すためにメディアのコピーが必要となることもある。良質のカメラと、ビジュアルな資料を提示するための良質のメディア、それらを動かす高速コンピュータなども必要である。これらの側面はみな、考慮しなければならない追加のコストとして、プロジェクトの予算を立てるレベルで問題となる。ビジュアルな資料を何度も見るには多大な時間を要する可能性があり、トランスクリプトに基づいてそれらを研究する場合も時間がかかることがある。

倫　理

　ビジュアルな手法を用いる際には、他の形の調査におけるのと同じ倫理的問題が生じる。それは、調査がインフォームド・コンセントに基づくことをどのようにして確実なものにするのか、参加者たちの匿名性をどのようにして保つのか、彼らのことやその生活の分析においてどのようにして公平を期すかなどである。しかし、写真・映像と結びついた特別な問題がいくつかある。何と言っても参加者たちや彼らの生活にイメージを再現する場合、彼らの匿名性を保つのが困難なことがある。匿名性により慎重でなければならないということである。参加者たちの写真・映像（たとえば、家族写真）を出版物で使うなら、許可と著作権の問題が持ち上がる。また、参加者以外の人（参加者の親戚）が写真・映像にうつっていることがあり、その人に許可と同意を求めることができないかもしれず（たとえば、もう生存していないため）、調査の一部であることによってその人の権利や利害が侵害されるかもしれない（詳細は Banks, 2007 参照）。

実　例

　私たちの研究の１つでは、ドイツにおける病院を題材にしたある連続ドラマ（アメリカの医療ドラマ『ER』に似たもの）に描かれた、専門職としての看護のイメージがどのようなものかに私たちは関心をもった。そのシリーズが伝統的な看護のイメージを伝え、もしかするとそれを強めているのか、それ

とも専門職が変化しつつあること（たとえば、高等教育を受けた専門職になりつつある）を考慮しているのか、それに看護と医療の関係がどのように常套的な役割に現れているのか、に私たちは関心を抱いた。このプロジェクトにはいくつかのステップがあった。まず、そのシリーズの中の1話を選び、その全体を数回観て、印象と、深まったリサーチクエスチョンをメモ書きした。その結果は、いくつかの複雑なトピックとなった（たとえば、協働と看護の専門的特性）。次に、資料の分析のための指導原理を定式化した。それは、「母性的サービスとしての看護」「補助職としての看護」、それに「看護の内的・外的認識」だった。続いて15の中核的シークエンスをより詳細に分析した。その手法はマイクロアナリシスで、行為、真似、身振り、イントネーション、パラ言語的特徴（役者たちの互いに向ける姿勢といった）のシークエンスと、映像の構成、それにカメラのフォーカスを含んでいた。最後に、より一般的なパターンを探した（Denzin, 2004 参照）。基本デザインは事例研究であった（テレビ・シリーズ）。私たちはトライアンギュレーションの手法をいくつか使うこともできたが（視聴者へのインタビューで）、資源の制約のためしなかった。結果の提示は私たちが見つけたパターンに焦点を当て、一般化はより内的なものだった。

まとめ

ビジュアルな手法は、テレビでも映画でも、それらを資料としたイメージを分析するのに非常に有用でありうる。他の資料と比べて、必要な時間と物質的資源は大きくなりがちである。ビジュアルなものの分析においては、さまざまな基本デザインに頼ることができる。一般化は内的なものでありうるが、リサーチクエスチョンと分析の焦点によっては外的なものであることもある。出版の際に生存者であれ死者であれ、彼らの写真・映像を再現することについては倫理的懸念があり、彼らの個人的利害を考慮するようにしなければならない。

キーポイント

- エスノグラフィーとビジュアルな手法は、より豊かでより文脈化されたデータを生むだろう。
- 出版で実例を使うとき、それらは参加者たちの匿名性と守秘性を保つための特別な問題をもたらす。

- それらはまた、研究と知見の新しい、そして適切な発表のしかたを要請する。

さらに学ぶために
以下の著作には、ここで簡潔に概説した諸問題がより詳しく展開されている。

Angrosino, M. (2007) *Doing Ethnographic and Observational Research* (Book 3 of The SAGE Qualitative Research Kit). London: Sage.［アングロシーノ／柴山真琴（訳）(2016)『質的研究のためのエスノグラフィーと観察』（SAGE 質的研究キット3）新曜社］

Banks, M. (2007) *Using Visual Data in Qualitative Research* (Book 5 of The SAGE Qualitative Research Kit). London: Sage.［バンクス／石黒広昭（監訳）(2016)『質的研究におけるビジュアルデータの使用』（SAGE 質的研究キット5）新曜社］

訳者補遺

エスノグラフィーについては

箕浦康子（編)(1999)『フィールドワークの技法と実際――マイクロ・エスノグラフィー入門』ミネルヴァ書房

小田博志 (2010)『エスノグラフィー入門――〈現場〉を質的研究する』春秋社

佐藤郁哉 (2006)『フィールドワーク 増訂版――書を持って街へ出よう』新曜社

ビジュアル・データについては

南出和余・秋谷尚矩 (2013)『フィールドワークと映像実践――研究のためのビデオ撮影入門』ハーベスト社

10章　質的データを分析する

はじめに
コード化とカテゴリー化
会話、ディスコース、ドキュメントの分析

この章の目標

- 質的データの分析の主なアプローチについて、最初の方向づけをもつ。
- これらの手法を用いる研究デザインに関する問題がわかる。
- 質的研究において、いつどのように分析手法を使うのかについて、いくつかの方向づけをもつ。

はじめに

これまでの各章で簡潔に示した手法は、データ収集に焦点が当てられている（インタビューやフォーカスグループのように）。あるいは、より統合的なアプローチからなっている（特定の種類のデータとそれを分析する方法とのつながり。たとえば、ビジュアル・データ）。この最後から2つ目の章では、質的データの分析が前面にあるアプローチに目を転じよう。ここでは2つの異なるやり方が見つかるだろう。まず質的データ一般に適用することができるコード化とカテゴリー化について述べ、その後でデータのより特殊な分析について述べる。本章の後で、本書で別々の課題として扱ったデザインの問題と諸手法を結びつけることを試み、何らかの見解を述べることにしよう。

コード化とカテゴリー化

　コード化とカテゴリー化*はあらゆる種類のデータに適用することができる分析方法で、データ収集の特定の手法にだけ当てはまるのではない。これはデータ分析の唯一の方法ではないが、データがインタビューやフォーカスグループや観察に由来する場合、もっとも重要なものである。特に、コンピュータを質的データの分析に使うなら、何らかの形のコード化が適用されるだろう。その主な活動は、データの関連する諸部分を探すことであり、そしてデータを他のデータと比較し、名づけて分類することで、データを分析することである。この過程を通して、研究課題、フィールド、そして最後になったが決して軽んずべきではないものとして、データそれ自体の、包括的理解に向けた1ステップとしてデータ内の構造を発展させる。また、分析からさらなるデータ収集の過程の洞察を得るために、データ収集とデータ分析を結びつけることが推奨される。

研究視角と理論
　コード化とカテゴリー化の背景は、実在論でも構成主義でもありうる（Gibbs, 2007）。その目的はしばしば理論の発展であり、したがって資料をコード化するためのカテゴリーは既存の理論からというよりも、資料から発展させられるのだが、既存の理論からの発展も可能だし、よくある。このアプローチは、既存のドキュメント、インタビューやフォーカスグループや相互作用のトランスクリプションといった資料が手許にあることが必要である。また、ビジュアルな資料やインターネットの資料に応用することもできる。

リサーチクエスチョン
　このアプローチはあらゆる種類の研究トピックに対して開かれている。しかし、会話分析に見られるような、特定の形のトークの組織化のような形式的な構造が主たる課題である場合には、あまり適切でない。ナラティヴもコード化とカテゴリーを使って分析することができるが（Gibbs, 2007, chap.5 参照）、ナラティヴの内部構造とゲシュタルトに関心がある場合、コード化を使って分析

するのは難しい。

サンプリング

　この形の分析が始まるとき、事例と資料のサンプリングはしばしばすでに終わっている。しかし、質的研究におけるサンプリングは、これまで集められたデータの分析の進行に基づいて行うことが可能だし、そうすべき場合もある。したがってこの形の分析は、事例と資料のサンプリングに影響を与えることがある。分析の最中の、事例と資料のサンプリングは研究の重要な要素である。

比　較

　ここでは3つのレベルで比較を計画することができる。カテゴリー内の比較は、たとえばさまざまなインタビューで、ある特定のカテゴリーに関連するものとして何を見つけるか、である。事例内の比較は、さまざまな問題についてそのインタビュイーは何を言うのか、いくつかのカテゴリーを超えた発言は、どのように一貫、ないし矛盾しているのか、である。事例間の比較は、1つの話題やカテゴリーのレベル、ないし全インタビューのレベルで、さまざまなインタビュイーたちの反応はどのように違い、似ているのか、である。フォーカスグループや観察に基づく比較も、同様に3つのレベルで行うことができる。ここで比較は順序化と構造化によって促進することができる。これはカテゴリー間のヒエラルキーを作るようなもので、事例ごとの比較や継時的比較ができるようにいくつかの事例やカテゴリーを示す表を作ることによってなされる（Gibbs, 2007参照）。

一般化

　1つの事例から、データ分析により引き出された多少とも一般的な言明に至る過程で、資料の継続的な比較は重要なステップである。過度の一般化を避けるために研究者がすべきなのは、データの範囲と、データの基となる人（や資料）のサンプルの範囲を注意深く考慮することである。

トライアンギュレーション

　コード化とカテゴリー化は、標準化されたデータの量的分析と組み合わせる

ことができる。また、別の種類、別の出所の質的データと照らし合わせることもできる。ギブズ（Gibbs, 2007）は、回答者による妥当化（データについての参加者の見解を最終的な分析に統合すること）を求めることと同時に、データについてのさまざまな研究者の見解によってトライアンギュレートすることを主張している。

質

ギブズ（Gibbs, 2007）によると、データ分析の質にとって中心的なのは、データ、知見、それらから導かれる結論だけでなく、研究者が研究者としての自身の役割を批判的に評価し、データの扱いに対し反省的になることである。トランスクリプトの再チェックとコードのクロスチェックにより、信頼性を高めることができる。

執筆

この文脈で執筆は、レポートで読者に結果を示すことだけに関係するのではない。メモ、プロトコル、フィールドノーツ、調査日誌といったあらゆる種類の調査資料が分析に関係し、これらはみな研究者の執筆過程の産物である。調査についてのレポートでは、提示されるカテゴリーと、それに基づく分析と結果、それから「生の」データからの抜粋との間の適切な関係が、重要な目標である。

基本デザイン

多くの場合、コード化とカテゴリー化は比較デザインに基づくだろう。それはスナップショットと同じく、遡及的デザインや縦断的デザインにも適用できる。コード化とカテゴリー化は、研究に使われるデータの種類（とその焦点および収集）によって決まるためである。

資源と障害

質的データの分析は多くの場合、研究において時間のかかるステップであり、プロジェクトの資源のほとんどを要する。良い文字化がこのステップを扱いやすくするが、これを適切な解釈の基礎にしようとするなら、このステップに時

間や資金を費やす必要がある。コンピュータの使用は、特に次の2つの場合に質的分析の有効な支援となりうる。1つは、すでに使いたいソフトウェア使用の経験が豊かな場合であり、もう1つは、データの巨大なコーパスをもっている場合である。避けるべき大きな問題は、不明瞭なリサーチクエスチョンをもつことと、分析を開始するときにそのリサーチクエスチョンに再度焦点を当て損ねることである。後の段階で分析にとって重要だとわかった発言や話題が、実際データに含まれていないとわかったときに別の問題が生じるかもしれない。

倫　理

質的データの分析において匿名性と守秘性は、文字化、分析それ自体、そして何と言っても結果とデータからの抜粋の提示において、倫理の観点から中心的な問題である。たとえば研究者は、文字化をする人に守秘性の規範を確実に守らせなければならない。参加者たちに結果を返す場合、彼らを困惑させるものについて研究者とよく考える機会を与えることなしに、彼らが解釈によって当惑したり傷ついたりしないよう配慮しなければならない。解釈は研究参加者にとって（もしかしたら組織にも）公平なものでなければならない。

実　例

ホームレス青年に関するプロジェクトにおいて、私たちはデータ分析にテーマ的コード化（Flick, 2006）を使い、ある分野（たとえば、健康の意味）を指し示す各インタビュイーの全発言から始めた。比較の次元は、さまざまなインタビュー間の共通点と相違点を見つけるため、事例横断的に定義される。事例をこの諸次元でグループ化し、特徴の特定の組み合わせで分析した。事例の対比は、1グループ内での諸事例を類似点で比較するのを可能にし、またグループを横断した事例比較は、それらに存在する相違点を比較するのを可能にする。解釈のパターンと実践のパターンをこのようにして発見し、分析することができる。障害は、特定の問題について2、3の参加者の発言を得られなかったことである。

まとめ

質的データを分析するためにコードとカテゴリーを使用することは、使われ

るデータの種類においても、またどのように研究がデザインされるかにおいても、非常に柔軟なものである。それは主に、データを比較し事例を比較する目的で計画される。トライアンギュレーションは、視野を広げるために同じ資料を使うさまざまな研究者を含む必要がある。研究の提示は、分析が透明なものとなるように、元の資料と諸カテゴリーや諸次元との関係を考慮する必要がある。

会話、ディスコース、ドキュメントの分析

　これらの形の質的分析では、データ収集はしばしばドキュメントや新聞記事のような資料の選択と、医師と患者間の会話の録音のような日常的な慣行の記録に限定される。ここでは研究関心の焦点はしばしば、内容よりも形式的な側面に置かれる――会話はどのように始まり、続き、そして終わるか、カルテのような書類の構造的側面はどのようなものか。しかしディスコース分析では、会話分析と比べると内容に重点が置かれる。ディスコース分析でも、分析する資料の出所として、インタビューや観察やフォーカスグループの使用を見ることができる。

研究視角と理論
　理論的背景は多くの場合、エスノメソドロジーとディスコース理論であり、その関心事は日常生活の具体的な状況でコミュニケーションと実践とがどのように作られるかにある。したがって、相互作用過程と比べると、1人の行為者に焦点が当たることはない。認識論的レベルでは、これらのアプローチは社会構成主義と、実際の状況での（書かれた、ないし話された）言語使用の理論に基づく。

リサーチクエスチョン
　これらの種類の研究の基本的なリサーチクエスチョンは、次のようなものである。「ある特定の研究課題はある種のコミュニケーションにおいてどのように構成され、この構成のためにどのような"方法"を参加者たちはこのコミュニケーションにおいて使うのか？」したがってドキュメントが作られるのは必

ず誰かによってであり、どこかの読者のためにであり、何らかの目的のためであり、そしてある形式の情報を生み出すために何らかのコミュニケーション装置を使うことによってである。これは、医師−患者のコミュニケーションにおいて、病気について患者とコミュニケートする特別な方法かもしれず、このコミュニケーションが目指すのは診断すること、治療すること、そしてこのセッションの終わりに、今後に向けての計画を立てることである。この方法はまた、この患者について作成される記録かもしれず、患者としての履歴についての、診断と処置と予後について作成される記録かもしれない。あるいはこの疾患とそれにかかわる人びとについての道徳的ディスコースを作り出すための、この特定の病気についての公的議論かもしれない。それぞれにおいて、特定のドキュメントや結果を生み出す方法が、この種の研究の主眼である。

サンプリング

ラプリー（Rapley, 2007）が言うように、ここでの戦略はディスコースやドキュメントを分析するための資料のアーカイヴを作ることである。したがって選択やサンプリングは、このアーカイヴのために選ぶべきドキュメントを指す。この種の研究でのサンプリングはまず、資料のコーパスを作ることを目指すのであり、このコーパスの資料内でサンプリングするための出発点となりうる。

比　較

会話分析では、比較は多くの場合、（会話や電話がどのように行われるかの）一般的なモデル作りに向けられ、このモデルは研究されている具体的な事例と並置される。しばしばいくつかの典型例（多数のカウンセリングの会話の開始時のような）の一覧を用意して、一定の構造上の原則を発見するために互いに比較する。ドキュメントの比較は、一連の実例の内容と構造のどちらかに焦点を当てる。

一般化

ディスコース分析は事例研究に関心があるため、多くに内的一般化を認めることができるが、一方会話分析は多くの場合トークと会話の一般原理を確定することに関心がある。この目標には、事例研究からさまざまな事例の比較、そ

して一般モデルへの一般化が目指されている。

トライアンギュレーション

ラプリー（Rapley, 2007）はこの文脈で、ドキュメントの分析と会話の分析の組み合わせについて言及している。会話分析をインタビューと組み合わせるという別の方法もあり、たとえば会話の分析によって専門的実践を分析し、インタビューをしてそれを分析することによって専門的知識を分析する（以下参照）。

質

会話とディスコースとドキュメントの分析における解釈が真実であると正当化する主張はない、とラプリー（Rapley, 2007）は考えている。むしろ、研究者たちはどのように資料に基づいたのかを示し、またその分析を示すことで、解釈はもっともであり信用できると読者に納得させるようにしなければならない。質へのアプローチのもう1つは、研究グループのチーム・ミーティングでドキュメントの確かさを立証することである。一般に、研究者がどのように結論と資料とを何度も突き合わせたかが、結果とその提示において見えるようにしなければならない。知見や結論や一般化から逸脱している事例や資料がある場合、特にそうしなければならない（類型論においてそうであるように。質的分析における事例の多様性の扱いについては、Flick, 2007 参照）。

執　筆

リサーチクエスチョンと研究で使われる資料によって、さまざまな形の書き方が適当となる。ここで重要な問題は、結論がどのように資料に基づくのかをどう示すかであり、とりわけ時に非常に詳細なトランスクリプトをつける会話分析でそうなのだが、資料からの抜粋を、近づきやすくかつ読みやすいようにどう提示するかも重要な問題である。詳しすぎるトランスクリプトは話された内容と文脈の把握を邪魔するし、簡素化されすぎたトランスクリプトの提示は正確さ（の印象）を弱めるかもしれない。ディスコース分析では特に、執筆と分析は互いに非常に密接につながっていて、書くことが分析（新しいアイデア、カテゴリー、あるいは明確化）に影響を与える。

基本デザイン

この分野のほとんどの研究はスナップショットである。つまり、いまここにおける資料を、それにどのような内容が含まれているか、それがどのように構成されているかを見出すために分析される。ほとんどの会話分析はさまざまな実例（たとえばカウンセリングの相互作用）を比較することに基づくが、他方多くのディスコース分析は事例研究に基づく。ドキュメント分析には、遡及的アプローチがしばしば見られる（たとえば、精神疾患の診断の記録は長年にわたってどのように変化したか？）。

資源と障害

会話分析で必要な主な資源は、前もって録音されたものを文字化するための時間（と資金）である（できれば非常に良質の機器も。これももう1つの必要な資源である）。研究課題についてのディスコースを記述するのに関連する資料を見つけ、入手することも、困難で時間がかかる可能性がある。これは、たんなる1例や不適当な選択[訳注]ではなく、（すべての）関連する資料を得たい場合、特にそうである。会話分析とドキュメント分析では、基本的に資料の構造を分析する際に、内容とその意味について忘れてしまうという危険性がある。

倫　理

データの産出のために録音や録画に基づいて研究をする場合、参加者たちが録音・録画されていることについて知り、承諾していることと、参加者たちが必要なら録音・録画を止める機会があることを、確かなものにしなければならない。資料には匿名性の問題に配慮する必要がある。つまり、研究において、また研究全体を通して、誰が誰であるかを誰も確定されることがないし、研究者は参加者についてオープンに話すことがないようにしなければならない。弱い立場にある人たちとかかわったり微妙なトピックを扱ったりするなら、こうした問題がいっそう困難なものになる（Rapley, 2007, chap. 3 参照）。

［訳注］原著では awkward selection。非体系的で恣意的な選択の意。

実 例

コミュニティ精神医学の現場の研究から、カウンセリングの会話が、別のものにならずコンサルテーションが始まるように、どのように会話の開始が組織化されるのかを示そう。分析された会話では、会話の始まりは、どちらかと言えばオープン・エンドにデザインされている場合がある（「どのようなことで私たちのところへ来られたのですか？」「それで、どのようなことについてでしょうか？」「どのようなことがご希望ですか？」）。別の場合では、カウンセリングの会話を開始する中で、カウンセリングの（既定の）トピックや、特定の特徴について述べることもある。実際のカウンセリング関係を始めさせ別の形の話とは一線を画すこうしたオープニングは、時に、会話の始まり方の説明とつながっている。こうした説明は状況に特異的である（たとえば、「それで、あなたのごきょうだいが電話を寄こされたのです」）。

カウンセリング過程の最初の接触の終わりの分析から、2つの課題が達成されることが示される。会話は適時に終わらなければならない。同時に、カウンセラーは関係が持続するようにもしなければならない。この分析から、どの形式的な段階を、カウンセリングの会話がほぼ規則正しく経るのかを、示すことができる。それはまた、これらの諸段階が会話それ自体を作るだけでなく、クライエントの問題の特定の内容にかかわりなく、クライエントと事例の処理に影響を与えるものであることも示すだろう。したがって、分析は内容志向的というよりも形式的だが、会話において事例が構成される様子を示す。サンプリングは会話の事例に向けられ、次いでそれにおける形式的な部分（開始、終了）に向けられる。これらの部分の比較が、研究デザインと分析の目標である。倫理的に重要なことは、クライエントとカウンセラーのインフォームド・コンセントを得ることであり、また両者のプライバシーを維持することである。この会話分析は、コンサルテーションが分析されたカウンセラーへのインタビューでトライアンギュレーションがされた。

まとめ

これらの分析はしばしば、内容よりも言葉の交換の形式的な部分に焦点が当てられるが、ディスコース分析は両方に、つまり形式と内容に関心がある。基本デザインは多くの場合、スナップショットの比較だが、遡及的な焦点を当て

てドキュメントが研究される場合もある。倫理的な観点からは匿名性と、分析が時折直面的な性格をもつことを考慮しなければならない。これは、訓練や他の実際的な目的のために、結果（と実例）を使うときに、特に言える。

キーポイント

- 質的データを分析するこれらのアプローチは、理論的アプローチにおいて非常にオープンであるか（コード化のように）、ある背景を伴っている（会話分析におけるエスノメソドロジー）かのどちらかである。
- それらは内容か、形式的構造のいずれかに強調点がある。
- どちらも倫理の点では、分析において参加者の匿名性への特別な配慮を要する。

さらに学ぶために

以下の著作に、本章で概説した手法がより詳しく論じられている。

Gibbs, G. R. (2007) *Analyzing Qualitative Data* (Book 6 of The SAGE Qualitative Research Kit). London: Sage.［ギブズ／砂上史子・一柳智紀・一柳梢（訳）（準備中）『質的研究におけるデータ分析』（SAGE質的研究キット6）新曜社］

Rapley, T. (2007) *Doing Conversation, Discourse and Document Analysis* (Book 7 of The SAGE Qualitative Research Kit). London: Sage.［ラプリー／大橋靖史（訳）（準備中）『会話分析・ディスコース分析・資料分析』（SAGE質的研究キット7）新曜社］

訳者補遺

コード化とカテゴリー化については

佐藤郁哉 (2008)『質的データ分析法――原理・方法・実践』新曜社

会話分析とディスコース分析については

鈴木聡志 (2007)『会話分析・ディスコース分析――ことばの織りなす世界を読み解く』新曜社

好井裕明・山田富秋・西阪仰（編)(1999)『会話分析への招待』世界思想社

11章　質的研究をデザインする
── いくつかの結論

手法と基本デザイン
質的手法におけるデザインの問題
デザインの問題を明瞭にする ── 研究計画書を書く

この章の目標

- さまざまな質的手法をさまざまな基本デザインの中に位置づけることができる。
- こうした手法を用いる上での研究デザインにかかわる特別の問題を理解する。
- 研究計画書が研究デザインの明確化に果たす役割について方向づけを得る（その逆も同様）。
- 研究計画書の作成についていくつかのガイドラインを得る。

手法と基本デザイン

前の3章で、それまでの章で展開された質的研究のデザインの諸問題を要約し、「SAGE 質的研究キット」の他の巻でより詳しく説明される諸手法にそれらを適用した。これらの諸問題を結びつけるために、2つのさらなるステップが続く。まず、前に使った2つの軸（図4-4）に沿ってさまざまな方法論的アプローチを位置づけ、質的研究のさまざまな基本デザインを構造化する。図11-1ではそれぞれの手法が、通常使われるもっとも典型的なデザインの近くに位置づけられている。いくつかの手法は2回以上現れるが、これが示すの

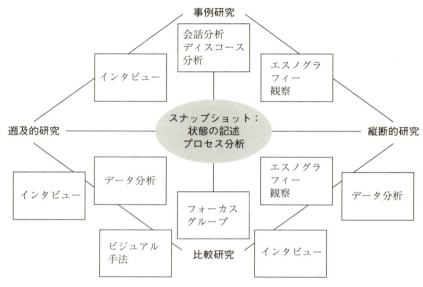

図 11-1　質的研究における手法と基本デザイン

は、さまざまなデザインで使われる柔軟なものもあれば、1つの基本デザインと密接に結びついているものもあるということである。したがってエスノグラフィーは、事例研究か比較研究を伴うスナップショットと縦断的研究の間に位置している。インタビューはデータ分析のアプローチと同様に、ほとんどすべての形の基本デザイン、またはそれらの組み合わせで使うことができる。ディスコース分析は事例研究デザインにしばしば結びついていて、他方フォーカスグループは、比較の視点でのスナップショットのために使われる。

　この図は読者に、1つの方向から見た手法とデザインのつながりの大まかな方向づけを与える。別の方向性は、デザインをする上でもっとも重要な諸問題を、本書と「SAGE 質的研究キット」で概説された手法ごとに要約することである。

質的手法におけるデザインの問題

　表 11-1 には、前の3つの章で簡潔に考察したデザイン上の諸問題が、それ

表11-1 質的な手法とデザイン上の諸問題

デザイン上の問題	インタビュー	フォーカスグループ	エスノグラフィー	ビジュアル手法	データのコード化とカテゴリー化	会話分析とディスコース分析
研究視角	主観的視点	あるトピックについてのグループ内での相互作用	社会状況の記述	写真・映像の内容と構造	理論の発展	進行中のコミュニケーション
理論	象徴的相互行為論、ディスコース	象徴的相互行為論、ディスコース	ポスト・モダニズム、構成主義	エスノメソドロジー	実在論、構成主義	エスノメソドロジー、ディスコース
リサーチクエスチョン	個人の経験と意味	微妙なトピック	社会的プロセス、前提となる問題	写真・映像の形式、内容、意味	あらゆる種類の内容、構造ではない	コミュニケーションの形式と方法
サンプリング	事例としての人	グループと参加者	サイト、事例、事例内	写真・映像、製作者	資料内	資料のアーカイヴの作成
比較	事例との、ないし次元での	グループ間の、グループ内の	場所と場所の、場所内部の、人と人の	視聴者、使用の文脈	カテゴリー間、カテゴリー内、および事例間、事例内	モデル形成のための一覧表
一般化	内的一般化、ないし他の人びとへの分析的一般化	内的一般化、ないし分析的一般化	内的一般化、ないし分析的一般化	支脈のつながりによる内的一般化	継時的比較、データやサンプルの境界	事例研究ないし一般原理
トライアンギュレーション	観察、フォーカスグループ、質問紙調査	混交手法、インタビュー	暗黙のトライアンギュレーション、インタビューとドキュメントの使用	インタビュー、エスノグラフィー	さまざまな研究者	ドキュメント、インタビュー
質	探りとメンバー・チェック	司会、記録、文字化	広範な参加、柔軟性	特有性、頑健性、資料の質	反省、信頼性、クロスチェック	チームによる信憑性、妥当性、逸脱事例

11章　質的研究をデザインする──いくつかの結論

表 11-1 (続き)

デザイン上の問題	インタビュー	フォーカスグループ	エスノグラフィー	ビジュアル手法	データのコード化とカテゴリー化	会話分析とディスコース分析
基本デザイン	比較デザイン、遡及的デザイン	比較デザイン、スナップショット	事例研究	事例研究	比較デザイン	スナップショット、比較デザイン
資源	インタビューの経験、文字化	録音機器	そこに行くこと、記録	メディア、資料を(再度)見るための時間	文字化、コンピュータ、ソフトウェアの経験	録音と文字化
障害	[適切な]事例の発見	グループに[適切な]参加者を集めること、脱落者	[目に見えない]現象へのアクセス	資料を提示する適当な方法	データの紛失、不明瞭な焦点	形式と内容の関係
倫理	インフォームド・コンセント、守秘性、インタビュイーとの関係	社会的弱者、グループ・ダイナミックス	インフォームド・コンセント、匿名性	写真・映像に映る人たち(他の人たちも)の匿名性、豊富な文脈	守秘性、匿名性、メンバーにフィードバックするならば公平さ	インフォームド・コンセント、匿名性
読書案内	Kvale (2007)	Barbour (2007)	Angrosino (2007)	Banks (2007)	Gibbs (2007)	Rapley (2007)

注 表11.1 には本文でふれられていない事柄も含まれている

[訳注]

ぞれの手法ごとに再度要約されている。ここには、もっとも重要な問題、あるいはもっとも困難な問題が述べられている。

デザインの問題を明瞭にする──研究計画書を書く

　本書では研究デザインを作るための多くの関連する諸問題について述べてきた。このトピックを扱う他の著作は、研究デザイン作りと計画書の執筆を非常に密接に結びつけていて、時には両者を同じものとしている（たとえば、Creswell, 2003）。そこでは質的研究をデザインすることは、あらゆる種類の質的研究に内在する必要なものと見なされている（構成と定式化の具体性と程度は、アプローチによって異なっているとしても）。それはたんなる外部に向けた縛りとしてしてだけ理解されるものではない──何らかの基金へ応募する場合や、機関内審査委員会や博士論文審査委員会から許可を得る場合には、そうであるが。しかし、どのような状況でも、計画書を書くことはデザインを振り返り、デザインを明確なものにするのに非常に有益でありうる。したがって私は、質的研究におけるデザインの諸問題のこの簡潔な概観を、デザインをどのように研究計画書*に変えるかの示唆を与えることで終えたい。

　一般的に受け入れられている研究計画書の構成や形式はない。基金団体や組織内委員会がモデルとなる構成を作っていることが時々あるし、あるいは以前の応募の経験から、特定の構成を求められているとわかることもある。もちろん、こうした期待を満たすようにしなければならない。一般的な計画書の構成として、以下のモデルを勧めることができる（表11-2 参照）。

　この文脈で、研究をデザインすることは、2つの点で意味がある。第1は、表11-2で提案されている構成への追加としてである。第2は、プロジェクト全体の健全性について見通しを与える点である。問題、リサーチクエスチョン、方法、資源、提案する資金、予定表、それに倫理はみな合致して、健全な輪郭、計画、計画書になっているだろうか？

　研究がうまく行くためには（また、それ以前に計画書がうまく行くためには）、心に留めておくべきガイドラインがいくつかある。

　• 研究のデザインと手法を、できるだけ詳しくするとともに、明瞭かつ明確

表 11-2　研究計画書の構成のモデル

1. 序論
2. 問題
   (a) 現在までの文献
   (b) 現在までの文献内の空白
   (c) 研究の関心事
3. 研究の目的
4. リサーチクエスチョン
5. 方法と手続き
   (a) 質的研究の特徴とそれが適切である理由
   (b) 研究戦略
   (c) 研究デザイン
      (i) サンプリング
      (ii) 比較
      (iii) 期待される参加者数／事例数／場所の数／ドキュメントの数
   (d) データ収集の手法
   (e) データ分析の手法
   (f) 質の問題
6. 倫理上の問題
7. 期待される結果
8. 研究の意義、関連する事柄、実践への示唆
9. 研究者（ら）の予備的研究の知見、初期の研究、経験
10. 予定表、提案する経費
11. 参考文献

にするようにしなければならない。

- リサーチクエスチョン、計画された手続きの適切さ、リサーチクエスチョンの解明に役立つ期待されるデータと結果、これらはできるだけ詳しいものであるとともに、明瞭かつ明確なものでなければならない。
- 研究と期待される結果と示唆は、学問的文脈と実際的文脈の下に置かれなければならない。
- 倫理と手続きは、可能な限り熟考されねばならない。
- 手法は、いかに（その使用）だけでなく、なぜ（その選択）についても明瞭にしなければならない。
- 計画、予定表、現在の経験と能力、手法、それに資源は、研究のための健

全なプログラムに合っていなければならないし、またそうであることを明瞭にしなければならない。

　もしこのガイドラインを考慮し、研究分野と問題について十分知っているなら、計画書は受諾され、調査はうまく進むはずだが、何らかの事情、問題、障害が、計画書にも調査にも常に起こる。選んだ手法についての、あるいは選ぶかもしれない手法の範囲についてのより詳しい情報は、「SAGE 質的研究キット」の他の巻に見つけることができる。

キーポイント

- （良い）研究デザインは、計画書をうまく書くためだけでなく、研究をうまく行うためにも意義がある。
- しかし、計画書を書くことは、研究デザインの健全性と、他者（たとえば評価者）が検討する際の基礎として有益である可能性がある。
- 質的研究において、さまざまな手法はさまざまな基本デザインに多様に位置づけることができる。
- デザインの問題は、さまざまな手法にさまざまに適用される。

さらに学ぶために

　以下の本は、研究デザインについての視野という点で、本書を補うだろう。「SAGE 質的研究キット」の他の巻は、手法ごと、アプローチごとに、より詳しく論じている。

Marshall, C. & Rossman, G. B. (2006) *Designing Qualitative Research* (4th ed.). Thousand Oaks, CA: Sage.

Maxwell, J. A. (2005) *Qualitative Research Design: An Interactive Approach* (2nd ed.). Thousand Oaks, CA: Sage.

訳者補遺

田村正紀 (2006)『リサーチ・デザイン』白桃書房

訳者あとがき

　本書は、ウヴェ・フリック（Uwe Flick）著 *Designing Qualitative Research*（London: Sage, 2007）の翻訳である。SAGE 社の「SAGE 質的研究キット」（The SAGE Qualitative Research Kit）の一冊であり、本書とほぼ同時に翻訳・発行される同キットの他の書籍のガイドの役割も果たしている。

　著者のフリック氏は現在ベルリン自由大学教授である。本邦では、『質的研究入門──〈人間の科学〉のための方法論』（小田博志・山本則子・春日常・宮地尚子（訳）、春秋社、2002 年）と、『新版　質的研究入門──〈人間の科学〉のための方法論』（小田博志（監訳）、春秋社、2011 年）の著者として、質的研究に関心のある方にはおなじみであろう。

　本書の特徴は、研究デザインの観点から質的研究について論じた点である。本書で述べられているように、すでに質的研究は確立され、これを用いた研究の蓄積がある。この立場から著者は、理論やデザインなしに研究を始めることを戒め、質的研究のデザインをするとはどういうことかを詳しく解説する。さらに研究協力者への配慮や研究を進める上での倫理的配慮に言及し、研究計画書の書き方や研究資金獲得のための示唆も行っている。これらの説明に当たって、著者は自らの豊富な経験から選んで実例として示している。

　訳出に当たり、用語は基本的に『新版　質的研究入門』の「用語集」と「用語翻訳メモ」に従った。これらに載っていなかった語では、site は「サイト」とし、method はデータ収集と分析の具体的な方法の場合は「手法」、一般的な意味で使われている場合は「方法」とした。また、ビジュアル・データとしての images は静止画と動画の両方を含むため、「写真・映像」とした。原著で明らかな誤りのある箇所は本人に確認して訂正し、当時印刷中だった文献には発行年等の情報を追加した。

　本書の翻訳は新曜社の塩浦暲氏の勧めによる。訳者自身、翻訳作業を通して

人間を相手に研究するとはどういうことかについて学ぶことが多かった。翻訳の機会を与えてくれた塩浦氏に感謝申し上げたい。

　2016年2月

鈴木聡志

用語解説

アクション・リサーチ（action research）
研究しているサイトを変化させることと、参加者たちが変化し始めることを促し、それを可能にすることを主な目的とする、研究アプローチ。

一般化（generalization）
研究状況の一部ではなかった状況や母集団へ、研究結果を当てはめること。

インタビュー訓練（interview training）
観察者たちからなるグループでインタビューをシミュレートするロールプレイを行うこと。その後、インタビュアーの非言語的行動、質問の使用、インタビュイーとの関係、全般的なミスの点で、ロールプレイが分析される。

インフォームド・コンセント（informed consent）
研究状況にある参加者たちは研究されていることを知らされ、調査に対してノーを言う機会が与えられる。

運営費（operating costs）
質的プロジェクトを行うときの、非常に基本的なレベルで必要となる費用を意味する（機材、物資の消耗等）。

エスノグラフィー（ethnography）
さまざまな手法を結びつけた研究戦略で、参加、観察、および研究したフィールドについての執筆に基づいている。

エスノメソドロジー(ethnomethodology)
コミュニケーションと慣行がうまく行くために、日常生活において人びとが使う方法を分析することに関心がある理論的アプローチ。

エピソード・インタビュー(episodic interview)
このインタビューは、質問と答えの連鎖を(エピソードの)ナラティヴに結びつける。

外的一般化(external generalization)
研究された人びと、フィールドなどを超えて、結果を当てはめること。

会話分析(conversation analysis)
言語(使用)の形式的側面の研究(会話はどのように始まり、終わるか、一話者から他者への順番はどのように組織化されるか)。

カテゴリー化(categorizing)
データ間の類似性を具体化するために、たくさんの断片からなるデータの一部の断片を、1つの用語や見出しに割り当てること、または相違点を具体化するために、別の用語に割り当てること。

機関内審査委員会(institutional review boards)
研究計画書がどれだけ倫理上のガイドラインと基準を満たしているかを検討する委員会。

基本デザイン(basic design)
質的研究で非常に典型的、あるいは頻繁に使われるたくさんのデザインがあるし、多くのさまざまなタイプの研究を代表するたくさんのデザインがある(たとえば、事例研究や縦断的研究)。

客観性(objectivity)
研究状況(手法の適用とその結果)が個々の研究者から独立している程度。

具体理論（substantive theory）
（グラウンデッド・セオリー研究における）1つの領域に当てはまる特定の理論。

グラウンデッド・セオリー（grounded theory）
実証的資料の分析から、あるいはフィールドや過程の研究から発展した理論。

形成理論（formative theory）
（グラウンデッド・セオリーにおいて）1つの領域以上に言及する、もっと広い一般理論。

継続的デザイン（continuous design）
研究過程を通じてデザインの継続的な発展を強調する研究デザインのアプローチ。

ゲートキーパー（gatekeepers）
調査するフィールド（や、たとえば医療システム）への公式・非公式なアクセスを管理する人たち。

研究計画書（research proposal）
研究資金の申し込みや、博士号や修士号取得プログラムのために書かれる研究計画。

研究参加者への騙し（deception of research participants）
研究の目的や研究における参加者の役割について、参加者に誤った情報を与えること。

研究視角（research perspectives）
質的研究における主要なアプローチのことで、その下にさまざまな手法がまとめられる。

研究デザイン（research design）
研究プロジェクトのための体系的な計画で、調査に誰を入れるか（サンプリング）、どの次元で誰ないし何を比較するか、等を含む。

研究日誌（research diaries）
フィールドと接触している最中や研究の準備の際やデータ分析の最中に、研究者は絶え

ず印象と何が起きたのかを書き留める。

研究プログラム（research program）
実在についての概念、全体的な戦略、特定の伝統など、手法以上のものを含む研究計画。

現象学（phenomenology）
主体の生活世界に焦点がある、意識の注意深い記述と分析。

厳密性（rigour）
手法の適用や分析の実施における一貫性の程度。

構成主義（構築主義）（constructionism）
社会的現実は構成過程（メンバーの活動や精神内部の過程）の結果と考える、さまざまな認識論。

コード化（coding）
データの断片にラベルを貼り、他のデータの断片を先の断片（とラベル）に割り当てること。グラウンデッド・セオリーの文脈では、コード化により概念が発展する。

コーパス（corpus）
分析するための資料やデータのセット（たとえば、ディスコース分析のための新聞記事のコーパス）。

コミュニケーションによる妥当化（communicative validation）
参加者に尋ねてコンセンサスを得ることによる、結果（あるいはデータ）の評価。

混合方法論（mixed methodologies）
やや実用的なレベルで質的手法と量的手法を組み合わせるアプローチ。

サイト（site）
ある過程や研究課題全般を調べるための特定のフィールドで、たとえば組織、コミュニ

ティ、地域である。

探り（probe）
インタビューの最中に再度深い質問をすること。

参加型研究（participatory research）
研究されている人びとは研究「対象」であるだけでなく、研究の実行と、できればその計画にも積極的にかかわる。

サンプリング（sampling）
大きな母集団や多様な可能性から、研究のために事例や資料を選ぶこと。

参与観察（participant observation）
研究者は観察するために、研究しているフィールドのメンバーになる。

シカゴ学派（Chicago School）
質的研究の歴史において非常に影響力をもつ、シカゴ大学の研究者集団とそのアプローチ。グラウンデッド・セオリーのようなアプローチの背景である。

自然主義アプローチ（naturalistic approach）
「自然な」文脈で人びとを調べるために、彼らの生活世界に入っていく研究。

実証主義（positivism）
科学はデータの観察に基づくとする科学哲学。データの観察は、その意味の解釈から分離していなければならない。真実は手法の一般規則に従うことによって発見されるはずであり、それは調査の内容と文脈からほぼ独立している。

質的研究の基準（standards for qualitative research）
どのような形の質的研究にも適用される、最小限必要な質や共通する手続きを定める試み。

質的研究のパラダイム的核心(paradigmatic core of qualitative research)
「質的研究」のラベルの下に要約されるさまざまなアプローチと研究プログラムに共通する特徴。

社会的弱者(vulnerable population)
研究する際に特別な感受性を必要とする、特別な状況(社会的差別、リスク、病気)にいる人びと。

社会的表象(social representation)
科学的知見や他の話題について社会集団がもつ知識を記述する概念。

縦断的研究(longitudinal studies)
研究者が一定の期間の後に何度もフィールドや参加者の元へ戻り、その後の展開と変化を分析するために再度数回のインタビューをするデザイン。

柔軟なデザイン(flexible design)
具体的なフィールドとプロジェクトの展開に研究デザインを合わせるアプローチ。

象徴的相互行為論(シンボリック相互作用論)(symbolic interactionism)
人びとは対象の意味と解釈を基礎に行為と相互作用をするという仮定に基づく、質的研究の背景となる一理論。

ショートカット戦略(shortcut strategies)
応用研究の状況における特定の手法の実用的な使い方。その手法を完全に使うのは難しいかもしれない(たとえば、質的評価で)。

新公衆衛生(new public health)
病気の予防と社会環境を志向する保健システム。

信憑性(credibility)
フィールドに継続して参加することに基づく、質的研究の評価基準。

信頼性(reliability)
標準化された／量的な研究における標準的な基準の1つで、たとえば検査を繰り返して実施して結果が2回とも同じかどうかを評価することで測定される。

前提となる問題(foreshadowed problems)
エスノグラフィーで、リサーチクエスチョンを定式化する代わりに時々使われる。研究者はフィールドで問題として何を認め、調べるつもりか？

戦略的サンプリング(strategic sampling)
エスノグラフィー研究で事例と実例を選ぶ直接的な方法。

代表性(representativeness)
統計的なやり方と理論的なやり方のどちらでも理解することができる。前者は、サンプルが諸特徴(年齢、ジェンダー、雇用等)の記述においてその母集団を代表しているか、である。後者は、研究とその結果が、理論的に適切と考えられる研究課題の諸側面をカバーしているか、である。

多数のサイトでのエスノグラフィー(multi-sited ethnography)
ここではフィールド同士を比較することを目的に、いくつかのフィールドにエスノグラフィーが適用される。

タスキーギ梅毒実験(Tuskegee Syphilis Study)
梅毒が他からの影響がないならどのように進行するのかを調べるために、住民が実験を知らされることも治療を受けることもなしに梅毒に感染させられた実験。

妥当性(validity)
標準化された研究／量的研究の標準的な基準の1つで、たとえば交絡要因による影響を求めること(内的妥当性)や、現在の研究状況を超えた状況への転移可能性を求めること(外的妥当性)で分析される。

探究(inquiry)
研究の別の言い方。

長期間にわたる参加(extended participation)
研究しているフィールドにおけるさまざまなプロセスと慣行を理解するために、そのフィールドに十分に長い間いること。エスノグラフィーの質の基準として使われる。

ディスコース分析(discourse analysis)
ある文脈でどのように言葉が使われるのかの研究。たとえば、特定のアイデンティティ、実践、知識や意味が、あのようにではなくこのように何かを述べることで、どう生み出されるのか。

適合性(appropriateness)
手法は研究課題に合ったものでなければならない。したがって、研究課題が参照点になる。

適用(indication)
特定の手法(あるいは手法の組み合わせ)を、正確にはどのようなときに(どのような条件で)使うべきかについて決めること。

透明性(transparency)
研究がどのように行われたのかを、読者が具体的な言葉でどれだけ理解することができるか。

読者(audiences)
研究を報告ないし出版するときに念頭にある人たちや組織。あなたはそうした人たちや組織のために書き、そして読ませたいのである。

トライアンギュレーション(triangulation)
ある研究課題についての研究において、さまざまな手法、理論、データ、あるいは研究者たちを組み合わせること。

内的一般化（internal generalization）
研究した事例全体に知見や解釈を当てはめること。

ナラティヴ・インタビュー（narrative interview）
インタビュアーによる質問によって邪魔されることなしに、参加者は人生（あるいは病気）全体の物語を話すよう求められる。

認識論（epistemology）
科学における知識と認識の理論。

背景となる理論（background theories）
現実と調査についての特定の考えを質的研究のアプローチに与える理論。

反復デザイン（iterative design）
フィールドでの経験に基づいて、徐々に研究デザインを仕上げていくアプローチ。

否定事例（negative case）
モデルや他の形の知見に合わないか、それらを支持しない事例（より一般的には、実証的資料）。

評価（evaluation）
介入の成功の程度についての見積もりと決定をするために、研究手法を使うこと。

標準化（standardization）
研究状況の統制の程度であり、必要な限り、ないし可能な限り多くの特徴を定義し、範囲を定めることによって行われる。

フォーカスグループ（focus group）
研究目的のために、研究課題を議論することを求められるグループ。

普及(dissemination)
研究結果を出版すること、または研究成果を参加者たちやフィールドに報告して返すこと。

ミルグラム実験(Milgram experiment)
1人の実験者の指示に従って他の人を傷つける(シミュレートされた)状況に人が置かれた実験。

メンバー・チェック(member check)
参加者たちの大多数の意見を求めることで、結果(あるいはデータ)の査定をすること。

文字化(transcription)
記録された資料(会話、インタビュー、ビジュアル・データ等)をテクストとして分析するために、テクストに変えること。

リサーチクエスチョン(research question)
あなたが見出したいことは、正確には何か?

理論的サンプリング(theoretical sampling)
グラウンデッド・セオリー研究におけるサンプリングの手続き。ある程度の数の事例を集めて分析して発展した理論との関連性に基づいて、そしてすでにある知識の現状を背景にして、事例や集団や資料のサンプリングが行われる。

倫理綱領(code of ethics)
専門学会はそのメンバーの方向性として、調査(ないし介入)における良い実践のルールを制定する。

文　献

Angrosino, M. (2007) *Doing Ethnographic and Observational Research* (Book 3 of The SAGE Qualitative Research Kit). London: Sage.［アングロシーノ／柴山真琴（訳）(2016)『質的研究のためのエスノグラフィーと観察』（SAGE 質的研究キット3）新曜社］

Banks, M. (2007) *Using Visual Data in Qualitative Research* (Book 5 of The SAGE Qualitative Research Kit). London: Sage.［バンクス／石黒広昭（監訳）(2016)『質的研究におけるビジュアルデータの使用』（SAGE 質的研究キット5）新曜社］

Banister, P., Burman, E., Parker, I., Taylor, M. & Tindall, C. (1994) *Qualitative Methods in Psychology: A Practical Guide*. Buckingham: Open University Press.［バニスターほか／五十嵐靖博・河野哲也（監訳）(2008)『質的心理学研究法入門：リフレキシビティの視点』新曜社］

Barbour, R. (2001) 'Checklists for improving rigour in qualitative research: A case of the tail wagging the dog?', *British Medical Journal*, 322: 1115-1117.

Barbour, R. (2007) *Doing Focus Groups* (Book 4 of The SAGE Qualitative Research Kit). London: Sage.［バーバー／大橋靖史他（監訳）（準備中）『質的研究のためのフォーカスグループ』（SAGE 質的研究キット4）新曜社］

Becker, H. S. (1967) 'Whose side are we on?', *Social Problems*, 14: 239-47.

Becker, H. S., Geer, B., Hughes, E. C. & Strauss, A. L. (1961) *Boys in White: Student Culture in Medical School*. Chicago: University of Chicago Press.

Berger, P. L. & Luckmann, T. (1966) *The Social Construction of Reality*. Garden City, NY: Doubleday.［バーガー＆ルックマン／山口節郎（訳）(2003)『現実の社会的構成：知識社会学論考』新曜社］

Bryman, A. (1992) 'Quantitative and qualitative research: Further reflections on their integration', in J. Brannen (Ed.), *Mixing Methods: Quantitative and Qualitative Research*. Aldershot: Avebury, pp.57-80.

Bryman, A. (2004) *Social Research Methods* (2nd ed.). Oxford: Oxford University Press.

Charmaz, K. (2006) *Constructing Grounded Theory: A Practical Guide Through Qualitative Analysis*. Thousand Oaks, CA: Sage.［シャーマズ／抱井尚子・末田清子（監訳）(2008)『グラウンデッド・セオリーの構築：社会構成主義からの挑戦』ナカニシヤ出版］

Christains, C. G. (2005) 'Ethics and politics in qualitative research', in N. Denzin & Y. S. Lincoln (Eds.), *The Sage Handbook of Qualitative Research* (3rd ed.). Thousand Oaks, CA: Sage, pp. 139-164.

Clifford, J. & Marcus, G. E. (Eds.) (1986) *Writing Culture: The Poetics and Politics of Ethnography*. Berkeley: University of California Press.［クリフォード＆マーカス（編）／春日直樹ほか（訳）(1996)『文化を書く』紀伊國屋書店］

Creswell, J. W. (1998) *Qualitative Inquiry and Research Design: Choosing among Five Traditions*. Thousand Oaks, CA: Sage.

Creswell, J. W. (2003) *Research Design: Qualitative, Quantitative and Mixed Methods Approaches* (2nd ed.). Thousand Oaks, CA: Sage.［Creswell／操華子・森岡崇（訳）(2007)『研究デザイン：量的・質的・そしてミックス法』日本看護協会出版会］

Crossley, M. (2003) '"Would you consider yourself a healthy person?" Using focus groups to explore health as a moral phenomenon', *Journal of Health Psychology*, 8(5): 501-514.

Denzin, N. K. (1989) *The Research Act* (3rd ed.). Englewood Cliffs, NJ: Prentice-Hall.

Denzin, N. K. (2004) 'Reading film: using photos and video as social science material', in U. Flick, E. von Kardorff & I. Steinke (Eds.), *A Companion to Qualitative Research*. London: Sage, pp.234-247.

Denzin, N. & Lincoln, Y. S. (Eds.) (1994) *Handbook of Qualitative Research*. London: Sage.

Denzin, N. & Lincoln, Y. S. (Eds.) (2000) *Handbook of Qualitative Research* (2nd ed.). London: Sage. ［デンジン＆リンカン／平山満義（監訳）(2006)『質的研究ハンドブック1巻──質的研究のパラダイムと展望　2巻──質的研究の設計と戦略　3巻──質的研究資料の収集と解釈』北大路書房］

Denzin, N. & Lincoln, Y. S. (2005a) 'Introduction: the discipline and practice of qualitative research', in N. Denzin & Y. S. Lincoln (Eds.), *The Sage Handbook of Qualitative Research* (3rd ed.). Thousand Oaks, CA: Sage, pp.1-32.

Denzin, N. & Lincoln, Y. S. (2005b) *The Sage Handbook of Qualitative Research* (3rd ed.). Thousand Oaks, CA: Sage.

Denzin, N. & Lincoln, Y. S. (2005c) 'Preface', in N. Denzin & Y. S. Lincoln (Eds.), *The Sage Handbook of Qualitative Research* (3rd ed.). Thousand Oaks, CA: Sage, pp.ix-xix.

Fleck, C. (2004) 'Marie Jahoda', in U. Flick, E. von Kardorff & I. Steinke (Eds.), *A Companion to Qualitative Research*. London: Sage, pp.58-62.

Flick, U. (Ed.) (1998a) *Psychology of the Social: Representations in Knowledge and Language*. Cambridge: Cambridge University Press.

Flick, U. (1998b) 'The social construction of individual and public health: Contributions of social representations theory to a social science of health', *Social Science Information*, 37: 639-662.

Flick, U. (2000a) 'Qualitative inquiries into social representations of health', *Journal of Health Psychology*, 5: 309-318.

Flick, U. (2000b) 'Episodic interviewing', in M. Bauer & G. Gaskell (Eds.), *Qualitative Researching with Text, Image and Sound: A Handbook*. London: Sage, pp.75-92.

Flick, U. (ed.) (2002) *Innovation durch New Public Health*. Göttingen: Hogrefe.

Flick, U. (2004a) 'Design and process in qualitative research', in U. Flick, E. von Kardorff & I. Steinke (Eds.), *A Companion to Qualitative Research*. London: Sage, pp.146-152.

Flick, U. (2004b) 'Constructivism', in U. Flick, E. von Kardorff & I. Steinke (Eds.), *A Companion to Qualitative Research*. London: Sage, pp.88-94.

Flick, U. (2006) *An Introduction to Qualitative Research* (3rd ed.). London: Sage.

Flick, U. (2007) *Managing Quality in Qualitative Research* (Book 8 of The SAGE Qualitative Research

Kit). London: Sage. ［フリック／上淵寿（訳）(2017)『質的研究の「質」管理』(SAGE 質的研究キット 8) 新曜社］

Flick, U. & Foster, J. (2007) 'Social representations', in C. Willig & W. Stainton-Rogers (Eds.), *The SAGE Handbook of Qualitative Research in Psychology*. London: Sage, pp.195-214.

Flick, U., Fischer, C., Walter, U. & Schwartz, F. W. (2002) 'Social representations of health held by health professionals: The case of general practitioners and home care nurses', *Social Science Information*, 41(4): 581-602.

Flick, U., Fischer, C., Neuber, A., Walter, U. & Schwartz, F. W. (2003) 'Health in the context of being old: Representations held by health professionals', *Journal of Health Psychology*, 8(5): 539-556.

Flick, U. & Röhnsch, G. (2007) 'Idealism and neglect: Health concept of homeless adolescents', *Journal of Health Psychology*, 12(5), 737-749.

Flick, U., Kardorff, E. von & Steinke, I. (Eds.) (2004a) *A Companion to Qualitative Research*. London: Sage.

Flick, U., Kardorff, E. von & Steinke, I. (2004b) 'What is qualitative research: Introduction and overview', in U. Flick, E. von Kardorff & I. Steinke (Eds.) *A Companion to Qualitative Research*. London: Sage, pp.3-12.

Frank, A. W. (1995) *Wounded Storyteller: Body, Illness, and ethics*. Chicago: University of Chicago Press. ［フランク／鈴木智之（訳）(2002)『傷ついた物語の語り手：身体・病い・倫理』ゆみる出版］

Gergen, K. J. (1999) *An Invitation to Social Construction*. London: Sage. ［ガーゲン／東村知子（訳）(2004)『あなたへの社会構成主義』ナカニシヤ出版］

Gibbs, G. R. (2007) *Analyzing Qualitative Data* (Book 6 of The SAGE Qualitative Research Kit). London: Sage. ［ギブズ／砂上史子・一柳智紀・一柳梢（訳）(準備中)『質的研究におけるデータ分析』(SAGE 質的研究キット 6) 新曜社］

Glaser, B. G. (1992) *Basics of Grounded Theory Analysis: Emergence vs. Forcing*. Mill Valley, CA: Sociology Press.

Glaser, B. G. & Strauss, A. L. (1965) *Awareness of Dying*. Chicago: Aldine. ［グレイザー＆ストラウス／木下康仁（訳）(1988)『「死のアウェアネス理論」と看護：死の認識と終末期ケア』医学書院］

Glaser, B. G. & Strauss, A. L. (1967) *The Discovery of Grounded Theory: Strategies for Qualitative Research*. New York: Aldine. ［グレイザー＆ストラウス／後藤隆・大出春江・水野節夫（訳）(1996)『データ対話型理論の発見：調査からいかに理論をうみだすか』新曜社］

Glasersfeld, E. von (1995) *Radical Constructivism: A Way of Knowing and Learning*. London: Falmer Press. ［グレーザーズフェルド／西垣通（監修）・橋本渉（訳）(2010)『ラディカル構成主義』NTT 出版］

Goffman, E. (1959) *The Presentation of Self in Everyday Life*. New York: Doubleday. ［ゴッフマン／石黒毅（訳）(1974)『行為と演技：日常生活における自己呈示』誠信書房］

Hammersley, M. (1995) *The Politics of Social Research*. London: Sage.

Hammersley, M. (1996) 'The relationship between qualitative and quantitative research: paradigm loyalty versus methodological eclecticism', in J. T. E. Richardson (Ed.), *Handbook of Qualitative Research Methods for Psychology and the Social Sciences*. Leicester: BPS Books, pp.159-174.

Hammersley, M. & Atkinson, P. (1995) *Ethnography: Principles in Practice* (2nd ed.). London: Routledge.

Hitzler, R. & Eberle, T. S. (2004) 'Phenomenological analysis of lifeworlds', in U. Flick, E. von Kardorff & I. Steinke (Eds.) *A Companion to Qualitative Research*. London: Sage, pp.67-71.

Hochschild, A. R. (1983) *The Managed Heart*. Berkeley: University of California Press.［ホックシールド／石川准・室伏亜希（訳）(2000)『管理される心：感情が商品になるとき』世界思想社］

Hopf, C. (2004) 'Research ethics and qualitative research: an overview', in U. Flick, E. von Kardorff & I. Steinke (Eds.) *A Companion to Qualitative Research*. London: Sage, pp.334-339.

Humphreys, L. (1975) *Tearoom Trade: Impersonal Sex in Public Places* (enlarged ed.). New York: Aldine.

Jahoda, M. (1995) 'Jahoda, M., Lazarsfeld, P. & Zeisel, H.: Die Arbeitslosen von Marienthal', in U. Flick, E. von Kardorff, H. Keupp, L. von Rosenstiel & S. Wolff (Eds.), *Handbuch Qualitative Sozialforschung* (2nd ed.). München: Psychlogie Verlags Union, pp.119-122.

Jahoda, M., Lazarsfeld, P. F. & Zeisel H. (1933/1971) *Marienthal: The Sociology of an Unemployed Community*. Chicago: Aldine-Atherton.

Kelle, U. & Erzberger, C. (2004) 'Quantitative and qualitative methods: No confrontation', in U. Flick, E. von Kardorff & I. Steinke (Eds.) *A Companion to Qualitative Research*. London: Sage, pp.172-177.

Knoblauch, H., Flick, U. & Maeder, C. (Eds.), 'The state of the art of qualitative research in Europe', special issue of *Forum Qualitative Social Research: FQS*, 6(3) (2005) (http://www.qualitative-research.net/fqs/fqs-e/inhalt3-05-e.htm).

Knorr-Cetina, K. (1981) *The Manufacture of Knowledge: An Essay on the Constructivist and Contextual Nature of Science*. Oxford: Pergamon Press.

Kvale, S. (2007) *Doing Interviews* (Book 2 of The SAGE Qualitative Research Kit). London: Sage.［クヴァール／能智正博・徳田治子（訳）(2016)『質的研究のための「インター・ビュー」』（SAGE 質的研究キット2）新曜社］

Lincoln, Y. S. & Guba, E. G. (1985) *Naturalistic Inquiry*. London: Sage.

Lofland, J. (1976) *Doing Social Life: The Qualitative Study of Human Interaction in Natural Settings*. New York: Wiley.

Lüders, C. (1995) 'Von der Teilnehmenden Beobachtung zur ethnographischen Beschreibung: Ein Literaturbericht', in E. König & P. Zedler (Eds.), *Bilanz qualitativer Forschung*, No1.1. Weinheim: Deutscher Studienverlag, pp.311-342.

Lüders, C. (2004a) 'The challenges of qualitative research', in U. Flick, E. von Kardorff & I. Steinke (Eds..) *A Companion to Qualitative Research*. London: Sage, pp.359-364.

Lüders, C. (2004b) 'Field observation and ethnography', in U. Flick, E. von Kardorff & I. Steinke (Eds.) *A Companion to Qualitative Research*. London: Sage, pp.222-230.

Lüders, C. & Reichertz, J. (1986) 'Wissenschaftliche Praxis ist, wenn alles funktioniert und keiner weiß warum: Bemerkungen zur Entwicklung qualitativer Sozialforschung', *Sozialwissenschaftliche Literaturrundschau*, 12: 90-102.

Marcus, G. (1995) 'Ethnography in/of the world system: The emergence of multi-sited ethnography', *Annual Review of Anthropology*, 24: 95-117.

Marshall, C. & Rossman, G. B. (2006) *Designing Qualitative Research* (4th ed.). Thousand Oaks, CA: Sage.

Maxwell, J. A. (2005) *Qualitative Research Design: An Interactive Approach* (2nd ed.). Thousand Oaks, CA: Sage.

Merkens, H. (2004) 'Selection procedures, sampling, case construction', in U. Flick, E. von Kardorff & I. Steinke (Eds.) *A Companion to Qualitative Research*. London: Sage, pp.165-171.

Miles, M. B. & Huberman, A. M. (1994) *Qualitative Data Analysis: A Sourcebook of New Methods* (2nd ed.). Newbury Park, CA: Sage.

Morse, J. M. (1994) 'Designing funded qualitative research', in N. K. Denzin & Y. S. Lincoln (Eds.), *Handbook of Qualitative Research*. Thousand Oaks, CA: Sage, pp.220-235.

Moscovici, S. (1973) 'Foreword', in C. Herzlich, *Health and Illness: A Social Psychological Analysis*. London: Academic Press.

Moscovici, S. (1998) 'The history and actuality of social representations', in U. Flick (ed.), *The Psychology of the Social*. Cambridge: Cambridge University Press, pp.209-247.

Oakley, A. (1999) 'People's way of knowing: gender and methodology', in S. Hood, B. Mayall & S. Olivier (Eds.), *Critical Issues in Social Research: Power and Prejudice*. Buckingham: Open University Press, pp.154-170.

Patton, M. Q. (2002) *Qualitative Evaluation and Research Methods* (3rd ed.). London: Sage.

Puchta, C. & Potter, J. (2004) *Focus Group Practice*. London: Sage.

Punch, M. (1994) 'Politics and ethics in qualitative research', in N. Denzin & Y. S. Lincoln (Eds.), *Handbook of Qualitative Research*. Thousand Oaks, CA: Sage, pp.83-97.

Ragin, C. C. (1994) *Constructing Social Research*. Thousand Oaks, CA: Pine Forge Press.

Ragin, C. C. & Becker, H. S. (Eds.) (1992) *What is a Case? Exploring the Foundations of Social Inquiry*. Cambridge: Cambridge University Press.

Rapley, T. (2007) *Doing Conversation, Discourse and Document Analysis* (book 7 of The SAGE Qualitative Research Kit). London: Sage.［ラプリー／大橋靖史（訳）（準備中）『会話分析・ディスコース分析・ドキュメント分析』（SAGE 質的研究キット7）新曜社］

Rosenthal, G. & Fischer-Rosenthal, W. (2004) 'The analysis of biographical-narrative interviews', In U. Flick, E. von Kardorff & I. Steinke (Eds.) *A Companion to Qualitative Research*. London: Sage, pp.259-265.

Rubin, H. J. & Rubin, I. S. (1995) *Qualitative Interviewing*. Thousand Oaks, CA: Sage.

Rubin, H. J. & Rubin, I. S. (2005) *Qualitative Interviewing* (2nd ed.). Thousand Oaks, CA: Sage.

Schütz, A. (1962) *Collected Papers*. Vols I and II. Den Haag: Nihoff.［シュッツ／渡辺光ほか（訳）(1983-1998)『アルフレッド・シュッツ著作集』マルジュ社］

Schwartz, F. W. (ed.) (2003) *Das Public Health Buch* (2nd ed.). München: Urban & Fischer.

Seale, C. (1999) *The Quality of Qualitative Research*. London: Sage.

Seale, C., Gobo, G., Gubrium, J. & Silverman, D. (Eds.) (2004) *Qualitative Research Practice*. London: Sage.

Silverman, D. (2006) *Interpreting Qualitative Data* (3rd ed.). London: Sage.

Smith, J. A. (ed.) (2003) *Qualitative Psychology: A Practical Guide to Research Methods*. London: Sage.

Tashakkori, A. & Teddlie, C. (Eds.) (2003a) *Handbook of Mixed Methods in Social and Behavioral Research*. Thousand Oaks, CA: Sage.

Tashakkori, A. & Teddlie, C. (2003b) 'Major issues and controversies in the use of mixed methods in social and behavioral research', in A. Tashakkori & C. Teddie (Eds.), *Handbook of Mixed Methods in Social and Behavioral Research*. Thousand Oaks, CA: Sage, pp.3-50.

ten Have, P. (1999) *Doing Conversation Analysis: A Practical Guide*. London: Sage.

Thomson, R., Plumridge, L. & Halland, J. (Eds.) (2003) 'Longitudinal qualitative research', Special issue of the *International Journal of Social Research Methodology: Theory and Practice*, 6(3).

van Maanen, J. (1988) *Tales of the Field: On Writing Ethnography*. Chicago: University Chicago Press. ［ヴァン=マーネン／森川渉（訳）(1999)『フィールドワークの物語：エスノグラフィーの文章作法』現代書館］

Vidich, A. J. & Lyman, S. M. (2000) 'Qualitative methods: Their history in sociology and anthropology', in N. K. Denzin & Y. S. Lincoln (Eds.), *Handbook of Qualitative Research* (2nd ed.). Thousand Oaks, CA: Sage, pp.37-84.

Wilkinson, S. (1998) 'Focus group methodology: A review', *International Journal of Social Research Methodology*, 1(3): 181-203.

Willig, C. & Stainton-Rogers, W. (Eds.) (2007) *The SAGE Handbook of Qualitative Research in Psychology*. London: Sage.

Wolff, S. (2004) 'Ways into the field and their variants', in U. Flick, E. von Kardorff & I. Steinke (Eds.) *A Companion to Qualitative Research*. London: Sage, pp.195-202.

人名索引

Angrosino, M.　vii, 16, 19, 41, 42, 65, 103, 122, 123, 152, 126, 127
Atkinson, P.　50, 85, 122-125

Banister, P.　7
Banks, M.　16, 19, 42, 103, 130, 152
Barbour, R.　vii, 16, 19, 41, 63, 103, 113-115, 152
Bauer, O.　23
Becker, H. S.　6, 8, 15, 50, 60
Bryman, A.　10, 11, 14, 59, 60

Charmaz, K.　29, 35, 39
Christians, C. G.　91, 92
Clifford, J.　127
Creswell, J. W.　51, 59, 153
Crossley, M.　116

Denzin, N.　2, 7-9, 44, 134

Eberle, T. S.　14
Erzberger, C.　11, 12

Fischer-Rosenthal, W.　25
Fleck, C.　23
Flick, U.　2, 3, 5, 7, 8, 11, 12, 15, 16, 19, 21, 23, 25, 28-30, 35, 36, 38, 44, 45, 51, 54, 56-59, 63, 82-84, 86, 88, 93, 103, 105, 108, 111, 126, 127, 129, 141, 144
Foster, J.　25
Frank, A. W.　24

Gergen, K. J.　15
Gibbs, G. R.　16, 19, 73, 103, 138-140, 152
Glaser, B. G.　6, 22-24, 27, 29, 30, 35, 56, 94
Glasersfeld, E. von　15
Goffman, E.　5
Guba, E. G.　55, 86

Hammersley, M.　10, 15, 50, 85, 122-125

Hitzler, R.　14
Hochschild, A. R.　22
Hopf, C.　91
Huberman, A. M.　35, 37, 50, 57, 126
Humphreys, L.　92

Jahoda, M.　23, 23

Kelle, U.　11, 12
Knoblauch, H.　4
Knorr-Cetina, K.　15
Kvale, S.　16, 17, 19, 39, 65, 70, 86, 103, 105-111, 152

Lazarsfeld, P. F.　23
Lincoln, Y. S.　2, 7-9, 55, 86
Lofland, J.　125
Luckmann, T.　15
Lüders, C.　8, 13, 85, 87, 126
Lyman, S. M.　5

Malinowski, B.　123
Marcus, G.　125, 127
Marshall, C.　72
Maxwell, J. A.　33, 39, 51, 56, 125
Merkens, H.　53
Miles, M. B.　35, 37, 50, 57, 126
Morse, J. M.　70
Moscovici, S.　25

Oakley, A.　14

Parsons, T.　5
Patton, M. Q.　36, 77
Piaget, J.　5
Potter, J.　114
Puchta, C.　114
Punch, M.　91, 94, 101

Ragin, C. C.　49, 50, 60

Rapley, T. 2, 16, 19, 41, 42, 70, 103, 114, 143-145, 152
Reichertz, J. 13
Röhnsch, G. 21, 45, 111, 129
Rosenthal, G. 25
Rossman, G. B. 72
Rubin, H. J. 44, 105, 107, 108, 110, 111
Rubin, I. S. 44, 105, 107, 108, 110, 111

Schütz, A. 15
Schwartz, F. W. 23
Seale, C. 7
Silverman, D. 7
Smith, J. A. 7
Stainton-Rogers, W. 7

Strauss, A. L. 6, 22-24, 27, 29, 35, 56
Tashakkori, A. 11, 12, 59
Teddlie, C. 11, 12, 59
ten Have, P. 2
Thompson, R. 60

van Maanen, J. 127
Vidich, A. J. 5

Wilkinson, S. 116
Willig, C. 7
Wolff, S. 45, 76

Zeisel, H. 23

事項索引

■あ行

アクション・リサーチ 7, 97, 159
アクセス 44-46, 65, 77
一貫性 85
一般化 vii, 10, 34, 100, 159
　意図された—— 55
　インタビューからの—— 34, 108
　エスノグラフィーからの—— 125
　外的—— 56, 115, 125, 160
　会話, ディスコース, ドキュメント分析からの—— 143
　コード化とカテゴリー化からの—— 139
　統計的—— 56
　内的—— 56, 100, 108, 115, 125, 167
　ビジュアルな手法からの—— 131
　フォーカスグループからの—— 115
　分析的—— 108, 115
意図的サンプリング 36, 108
　階層化された—— 37
インタビュー vii, 16-19, 34-39, 43-45, 58, 63-65, 70, 72-78, 83, 85, 95, 99, 103-107, 112, 113-118, 121, 123, 132, 137, 138, 142, 144, 150
　——・ガイド 57, 64, 75, 85, 105, 110, 112
　——訓練 75, 94, 110, 159
　エピソード・—— 30, 63, 83, 105, 160
　グループ・—— 37, 105
　ナラティヴ・—— 14, 28, 83, 105, 106, 167
　半構造化—— 14, 57
インフォームド・コンセント 45, 46, 92, 96, 97, 111, 133, 159
運営費 74, 159
エスノグラフィー vii, 3, 5, 14, 16, 18, 19, 26, 41, 42, 60, 65, 85, 92, 104, 108, 121, 122, 132, 159
　——映画 131
　——での比較 125
　——の質 126
　多数のサイトでの—— 125, 165
エスノメソドロジー 13, 26, 130, 142, 160
エピソード・インタビュー 30, 63, 83, 105, 160
横断的研究 60

応用という文脈における質的研究　7

■か行

外的一般化　56, 115, 125, 160
会話分析　2, 14, 16, 41, 104, 142, 160
学問としての質的研究　7
カテゴリー化　19, 137, 138, 160
観察　14
機関内審査委員会　92, 93, 153, 160
基本デザイン　149, 150, 160
　インタビューの――　110
　エスノグラフィーの――　127
　会話, ディスコース, ドキュメント分析の
　　――　145
　コード化とカテゴリー化の――　140
　ビジュアルな手法の――　132
　フォーカスグループの――　116
客観性　57, 86, 160
具体理論　56, 161
グラウンデッド・セオリー（データに基づ
　いた理論）　4, 6, 26, 29, 34, 38, 56, 161
グループ・インタビュー　37, 105
形成理論　56, 161
継続的デザイン　106, 161
ゲートキーパー　46, 62, 77, 161
研究計画書　18, 70, 153, 161
研究参加者への騙し　92, 161
研究視角　12, 13, 24, 26-28, 31, 52, 61, 104, 161
　インタビューの――　106
　エスノグラフィーの――　122
　会話, ディスコース, ドキュメント分析の
　　――　142
　コード化とカテゴリー化の――　138
　ビジュアルな手法の――　130
　フォーカスグループの――　114
研究デザイン　vii, 18, 28, 46, 49-51, 55-59, 61, 65, 66, 69, 76, 84, 103, 105, 153, 161
　――に影響するもの　51
　――の構成要素　51, 53
　タイトな――　35, 36, 57
　ルーズな――　35, 36, 57
研究日誌　161
研究プログラム　4, 6, 16, 27, 162
現象学　13, 130, 162

厳密性　84, 85, 162
ゴーイング・ネイティブ　128
構成主義（構築主義）　13-16, 27, 122, 138, 162
個人史研究　26, 60
コード化　14, 19, 86, 137, 138, 162
コーパス　42, 43, 104, 162
コミュニケーションによる妥当化　88, 109, 162
混合サンプリング　38
混合方法論　11, 162

■さ行

最小対比　55
最大対比　55
サイト　vii, 36, 40, 41, 43, 46, 63, 65, 100, 123, 124, 150, 162
　多数の――でのエスノグラフィー　125, 165
探り　76, 110, 163
参加型研究　163
サンプリング　vii, 18, 33-44, 46, 53, 55, 57-59, 63, 65, 66, 77, 98, 104, 163
　――計画　35, 37, 44, 85
　意図的――　36, 108
　インタビューのための――　107, 112
　エスノグラフィーのための――　122, 123
　階層化された意図的な――　37
　会話, ディスコース, ドキュメント分析の
　　ための――　143
　コード化とカテゴリー化のための――　139
　混合――　37
　事例内の――　124
　事例の――　124
　事例や資料内の――　43
　事例や資料の――　43
　戦略的――　165
　ビジュアル手法のための――　131
　人びとの――　39
　フォーカスグループのための――　141
　無作為な意図的――　37
　雪だるま式――　38
　理論的――　35, 37, 38, 168

参与観察　8, 14, 19, 65, 72, 78, 104, 109, 112, 163
シカゴ学派　5, 163
資源と障害　69
　　インタビュー研究の――　110
　　エスノグラフィー研究の――　127
　　会話，ディスコース，ドキュメント分析のための――　145
　　コード化とカテゴリー化のための――　140
　　ビジュアルな手法の――　133
　　フォーカスグループ研究の――　117
自然主義アプローチ　163
質：
　　インタビューの――　109
　　エスノグラフィーの――　126
　　会話，ディスコース，ドキュメント分析の――　144
　　コード化とカテゴリー化の――　140
　　ビジュアルな手法の――　132
　　フォーカスグループの――　116
実在論　15, 27, 138
実証主義　14, 15, 163
質的研究：
　　――と量的研究の関係　9
　　――の基準　163
　　――の増殖　3, 4
　　――の定義　1, 2, 3
　　――のパラダイム的核心　3, 164
　　応用という文脈における――　7
　　学問としての――　7
　　道徳的言説としての――　8
社会構成主義　→構成主義
社会的弱者　62, 77, 97, 117, 164
社会的表象　25, 26, 164
縦断的研究　60, 61, 150, 164
縦断的デザイン　140
柔軟性　85
柔軟なデザイン　105, 164
象徴的相互行為論（シンボリック相互作用論）　13, 164
ショートカット戦略　8, 164
事例研究　60, 61, 110, 134, 127, 150
新公衆衛生　23, 25, 164
信憑性　86, 164

信頼性　57, 86, 165
スナップショット（研究）　60, 61, 113, 116, 140, 145, 150
前提となる問題　123, 165
戦略的サンプリング　165
創造性　84, 85
遡及的研究　61, 116
遡及的デザイン　140

■た行
代表性　65, 165
多数のサイトでのエスノグラフィー――　125, 165
タスキーギ梅毒実験　92, 165
妥当性　57, 86, 165
騙し　96
探求　3, 166
長期間にわたる参加　126, 166
ディスコース分析　4, 14, 104, 142, 143, 150, 166
適合性　5-7, 166
適切性　83
適用　82, 83, 166
同質サンプル　37
道徳的言説　9
　　としての質的研究　8
透明性　87, 166
ドキュメント分析　140
読者　57, 58, 66, 88, 166
匿名性　100
トライアンギュレーション　10-12, 58, 59, 63, 65, 86, 104, 166
　　インタビューの――　108, 113, 117, 118
　　エスノグラフィーの――　126
　　会話，ディスコース，ドキュメント分析の――　144
　　コード化とカテゴリー化の――　139, 142
　　ビジュアルな手法の――　132, 134
　　フォーカスグループの――　115, 118

■な行
内的一般化　56, 100, 108, 115, 125, 167
内容分析　14
ナラティヴ・インタビュー　14, 28, 83,

105, 106, 167
認識論　2, 9, 11, 14, 16, 27, 28, 167

■は行

背景となる理論　27, 167
パラダイム的な核心——　14
半構造化インタビュー　14, 57
反復デザイン　105, 167
比較　104
　——研究　60-62
　意図された——　53
　意図されている——　66
　インタビューでの——　107
　エスノグラフィーでの——　125
　会話, ディスコース, ドキュメント分析での——　143
　コード化とカテゴリー化での——　139
　ビジュアルな手法での——　131
　フォーカスグループでの——　115
ビジュアル・データ　130, 133
ビジュアルな手法　16, 18, 130
否定事例　86, 167
人びとのサンプリング　39
評価　4, 6-9, 167
標準化　2, 13, 46, 56, 57, 81, 82, 86, 105, 109, 167
フィールド　45, 46, 65
　——へのアクセス　44, 77
フォーカスグループ　vii, 14, 16, 18, 19, 41, 63, 83, 104, 105, 109, 113-118, 121, 123, 137, 138, 142, 150, 167
普及　82, 168
　——コスト　74
プライバシー　100
分析的一般化　108, 115

■ま行

ミルグラム実験　92, 168
無作為な意図的サンプル　37
メンバー・チェック　88, 109, 168
文字化　70, 71, 73, 87, 117, 168

■や行

雪だるま式サンプリング　38

■ら行

ラディカル構築主義　15
リサーチクエスチョン　vii, 9, 16-18, 21-24, 27-31, 35, 39, 43, 46, 51-53, 55, 57, 60, 64, 65, 82-84, 95, 100, 104, 111, 113, 134, 153, 154, 168
　インタビューの——　106
　エスノグラフィーの——　123
　会話, ディスコース, ドキュメント分析の——　142
　コード化とカテゴリー化の——　138
　ビジュアルな手法の——　130, 131
　フォーカスグループの——　114
理論的（理論に基づく）サンプリング　35, 37, 38, 168
倫理：
　——課題　96
　——綱領　92, 168
　——の基本原則　92
　——問題　91, 93, 95
　インタビュー研究の——　111
　エスノグラフィー研究の——　128
　会話, ディスコース, ドキュメント分析の——　145
　コード化とカテゴリー化の——　141
　ビジュアルな手法の——　133
　フォーカスグループ研究の——　117

著者紹介
ウヴェ・フリック（Uwe Flick）
1956年生まれ。ベルリン自由大学で心理学・社会学を専攻し，1988年PhD. 応用科学教授としてドイツ，オーストリア，カナダで質的研究について教鞭を執り，現在ベルリン自由大学教授。またイギリス，フランス，ポルトガル，ニュージーランドなどの大学でも客員教授に招かれている。主要な研究領域は質的研究，健康と公衆衛生における社会的表象，不定住の若者や移民，テクノロジの変化と日常など。多くの著書を書いているが，邦訳として本書のほか，『質的研究入門―「人間の科学」のための方法論』（春秋社，2002, 2011新版）がある。

訳者紹介
鈴木聡志（すずき　さとし）
1961年秋田県生まれ。筑波大学大学院博士課程心理学研究科を中退し，豊田短期大学講師，松蔭女子短期大学助教授を経て，現在，東京農業大学教職・学術情報課程准教授。専門は，教育相談，心理学史，ディスコース分析。大正期から昭和初期にかけての教育相談の理論，および色覚異常の社会史が現在の研究テーマである。著書に，『会話分析・ディスコース分析』新曜社，2007年，共編著に『ディスコースの心理学』ミネルヴァ書房，2015年，主な訳書に，バニアード『心理学への異議』新曜社，2005年，ビリッグ『笑いと嘲り』新曜社，2011年，フリーマン『後知恵』新曜社，2014年，ほかがある。

SAGE質的研究キット1
質的研究のデザイン

初版第1刷発行	2016年4月15日
初版第4刷発行	2024年1月15日

著　者　ウヴェ・フリック
訳　者　鈴木聡志
発行者　塩浦　暲
発行所　株式会社　新曜社
　　　　101-0051　東京都千代田区神田神保町3-9
　　　　電話（03）3264-4973(代)・FAX（03）3239-2958
　　　　e-mail：info@shin-yo-sha.co.jp
　　　　URL：http://www.shin-yo-sha.co.jp/
組　版　Katzen House
印　刷　新日本印刷
製　本　積信堂

ⓒ Uwe Flick, Satoshi Suzuki, 2016　Printed in Japan
ISBN978-4-7885-1474-4　C1011

―― 新曜社の本 ――

SAGE 質的研究キット 全8巻 （＊は既刊）

＊1. 質的研究のデザイン	フリック, U.／鈴木聡志（訳）	
＊2. 質的研究のための「インター・ビュー」	クヴァール, S.／能智正博・徳田治子（訳）	
＊3. 質的研究のためのエスノグラフィーと観察	アングロシーノ, M.／柴山真琴（訳）	
4. 質的研究のためのフォーカスグループ	バーバー, R.／大橋靖史他（訳）	
＊5. 質的研究におけるビジュアルデータの使用	バンクス, M.／石黒広昭（監訳）	
6. 質的データの分析	ギブズ, G.R.／砂上史子・一柳智紀・一柳梢（訳）	
7. 会話分析・ディスコース分析・ドキュメント分析	ラプリー, T.／大橋靖史（訳）	
＊8. 質的研究の「質」管理	フリック, U.／上淵寿（訳）	

ワードマップ・シリーズ

質的心理学 創造的に活用するコツ	無藤隆・やまだようこ・南博文・ 麻生武・サトウタツヤ（編）	四六判288頁 本体 2200円	
フィールドワーク　増訂版 書を持って街へ出よう	佐藤郁哉	四六判320頁 本体 2200円	
グラウンデッド・セオリー・アプローチ 理論を生みだすまで	戈木クレイグヒル滋子	四六判200頁 本体 1800円	
現代エスノグラフィー 新しいフィールドワークの理論と実践	藤田結子・北村文（編）	四六判260頁 本体 2300円	
エスノメソドロジー 人びとの実践から学ぶ	前田泰樹・水川喜文・ 岡田光弘（編）	四六判328頁 本体 2400円	
会話分析・ディスコース分析 ことばの織りなす世界を読み解く	鈴木聡志	四六判234頁 本体 2000円	
ＴＥＡ理論編 複線径路等至性アプローチの基礎を学ぶ	安田裕子・滑田明暢・ 福田茉莉・サトウタツヤ（編）	四六判200頁 本体 1800円	
ＴＥＡ実践編 複線径路等至性アプローチを活用する	安田裕子・滑田明暢・ 福田茉莉・サトウタツヤ（編）	四六判272頁 本体 2400円

質的心理学ハンドブック	やまだようこ・麻生　武・サトウタツヤ・ 能智正博・秋田喜代美・矢守克也（編）	A5判600頁 本体 4800円

（表示価格は税抜きです。）